Mein Herz schlägt Nougat

Christian Senff

Kochen | Backen | Genießen mit Nougat

480 / 500

Impressum

1. AUFLAGE 2016

© Viba sweets GmbH
Die Aue 7
D-98593 Floh-Seligenthal
E-mail: info@viba-sweets.de
www.viba.de

© Christian Senff
Schäfers Gärten 10a
60431 Frankfurt
E-mail: office@christiansenff.de
www.christiansenff.de

ISBN: 978-3-00-053058-6

Rezepte
Christian Senff

Fotos
Robert Staffl
Christian Metzler

Fotoassistenz & Dekoration
Christian Metzler
Christian Senff
Bianca Jörges
Claudia Czerják

Idee & Text
Claudia Czerják
Christian Senff

Grafik & Layout
Bianca Jörges

Druck & Verarbeitung
Bauer & Malsch Druck+Werbung GmbH
Kasseler Straße 52a
98574 Schmalkalden
www.druck-werbung.de

Vielen Dank für die freundliche Unterstützung:

KAHLA
PORZELLAN FÜR DIE SINNE

Nougat in 4 Jahreszeiten

FRÜHLINGSBOTEN

SOMMERHITS

HERBSTGLANZ

WINTERZAUBER

Liebe Leserinnen und Leser,
liebe Genussmenschen

ein Kochbuch mit dem Titel »Mein Herz schlägt Nougat« sagt eigentlich schon alles! Als gebürtiger Schmalkalder bleibt Original Viba Nougat in meiner Küche nicht aus. Ich erinnere mich noch genau an die erste Nougatstange. Damals eine Seltenheit! Bis heute ist meine Leidenschaft für das Besondere ungebrochen, Viba Nougat gehört hier dazu. Schmalkalden ist meine Heimat – Viba meine Kindheit.

Nougat ist vielseitig, man kann in der modernen Küche wunderbar damit zaubern. Der tägliche Umgang mit Qualität treibt mich an. Wenn alles perfekt zusammen spielt – die Arbeit mit meinem Team, der Duft und Geschmack hervorragender Produkte, ein überzeugendes Menü – dann bin ich in der Welt, deren Faszination mich bis heute nicht loslässt. Im Laufe meiner Kochjahre habe ich schon einige Menschen mit meiner Küche begeistern können und viele haben sich, im wahrsten Sinne des Wortes, auch »glücklich gegessen«. Ist der Gast happy – bin ich es auch!

Ein eigenes Buch herauszubringen, welches inspiriert, zum Kochen animiert und Lust auf Gutes weckt, war schon immer mein Kindheitstraum. Ich möchte damit allen Genussliebhabern die Möglichkeit geben, Nougat als ganz eigene Zutat in der neuzeitlichen Küche kennenzulernen. Mit Fingerspitzengefühl und Mut zur Veränderung, frei von Mustern, ist jedes Rezept ein Hochgenuss. Das Spiel mit Kontrasten, wie zart – knusprig, heiß – kalt, süß – würzig, ist zu einem meiner Markenzeichen geworden und genau hier findet Viba Nougat seinen Platz. Meine erste Rezeptidee: Die Kastenbrioche mit flüssigem Nougatkern. Ich selbst liebe Brioche. Zum Frühstück »à la française«, also mit einem feinen Milchcafé, ist sie so herrlich luftig und lecker, dass der Tag für mich schon geschmackvoll beginnt. Aber Nougat kann viel mehr als nur zart schmelzend in klassisch süßen Gerichten sein. Und so begann ich, kreativ zu werden, mit der Vielseitigkeit dieser sinnlichen Süßware zu spielen und den Nougat in meinen Küchenalltag einzubauen.

Ich möchte Sie mitnehmen auf eine kulinarische Reise durch »die Küche mit Nougat« und Ihnen für alle vier Jahreszeiten Frühling, Sommer, Herbst und Winter Gerichte vorstellen, die für Jedermann nachzukochen sind. Inspiriert von der Küche New Yorks, Frankreichs, Italiens, Griechenlands und dem Thüringer Land. Von herzhaft bis süß, vom heimischen Familiengericht bis zum trendigen Snack, von Tradition bis Zwitterfood mit Smoothies, Heißgetränken, Cocktails u.v.m.
»Mein Herz schlägt Nougat« und so ist es!

Genussvolle Grüße,
Ihr Christian Senff

Wenn ich mich vorstellen darf…

»Bereits als ich klein war, zog es mich in die Natur, in den Thüringer Wald. Pfifferlinge, Steinpilze, Kräutersaitlinge – wir bekamen einen Korb in die Hand und »es ging in die Pilze«. Am Abend wurde die Ausbeute mit der ganzen Familie am Küchentisch geputzt und direkt verarbeitet. Fein mit Zwiebeln in Butter angebraten, mit Salz, Pfeffer gewürzt und Petersilie verfeinert und mit selbst gedrehten Knödeln gegessen. Von da an wusste ich, was meine spätere Berufung sein sollte! Ich wollte genau für die vielen geschmacklichen Gefühlsausbrüche verantwortlich sein, die alle während des Essens von sich gaben.

Nach Praktika in verschiedenen Hotels und den gesammelten Erfahrungen »am Gast« begann 1996 alles so richtig mit meiner Ausbildung im Deidesheimer Hof bei Sternekoch Manfred Schwarz. Als Mentor motivierte er mich, stetig besser zu werden – eine Charaktereigenschaft, die mich auch heute noch ausmacht. Ich mochte das hektische Leben in der Küche, mit dem Fokus auf das kulinarische Ergebnis, das direkte Feedback zu den Kreationen. Es folgten vierzehn Jahre »Lehrzeit« in den besten Restaurants Deutschlands unter der Führung von bekannten Kochgrößen, wie Christian Bau, Kolja Kleeberg, Philipp Wolter, Nelson Müller und Bernd Siener.
Seit 2010 bin ich selbständig und führe die Kochschule & Genussagentur »The Big Table« sowie das Genusscatering »The Food Soldiers« als Küchenchef. 14 Stunden, 7 Tage die Woche sind für mich keine Seltenheit. Es ist immer ein sehr enges Zeitmanagement mit oberster Priorität im daily business gefragt, aber genauso will ich es, das ist meine Berufung als guter Koch.
Regelmäßige »Ausflüge« ins Fernsehen (RTL, SAT1, Pro7, MDR, HR und Kabel 1) machten mich einem größeren Publikum bekannt und gaben mir zusätzlich Mut und Selbstvertrauen für weitere Pläne, z.B. die eines eigenen Restaurants. Man gab mir den Spitznamen »Der hessische Jamie Oliver« …nun, es gibt schlechtere Komplimente.

Seit 2016 schlägt mein Herz im Senckenbergs in Frankfurt am Main. Als Küchenchef, Geschäftsführer und Inhaber ist die Küche hier mein tägliches Domizil. Mit meinem Team unter der Leitung von Ralf Nielisch lege ich viel Wert auf eine ausgewogene saisonale Karte, einen pfiffigen Mix aus klassischen Gerichten und kreativen Kompositionen. Der Mut zur Veränderung ist wichtig. Natürlich dürfen Klassiker auf der Karte nicht fehlen, wie beispielsweise mein Kaiserschmarrn aus der Kupferpfanne serviert. Dieser weckt Kindheitserinnerungen in mir, Tage im Schnee.

Ohne Herzblut geht es nicht! Über die Jahre meiner Ausbildung habe ich die Leidenschaft entwickelt, zu gestalten. Die Werke von Köchen werden nicht in Galerien ausgestellt, wir schreiben auch keine Symphonien – wir kreieren Genuss für den Moment. Dabei ist es mir besonders wichtig, die Gäste mit meiner Passion für gute Qualität anzustecken, denn Wohlfühlen beginnt im Herzen.«

oben: Beim Frischecheck in der ▶
Frankfurter Kleinmarkthalle;
unten links: frisch geröstete Haselnüsse,
die Hauptzutat im Viba Nougat;
unten rechts: das Senckenbergs
in Frankfurt am Main

WIE ALLES BEGANN

ein Leben für den süßen Genuss

»Meine allererste Nougatstange bekam ich mit 8 Jahren
von meinen Großeltern. Damals und noch heute ist dieser
Genuss eine Besonderheit und einzigartig für mich.
Das ist der Geschmack meiner Kindheit. Ganz oben im
Wohnzimmerschrank neben dem Kaffeeservice glänzten
die goldenen Nougatstangen. Ich bekam auch immer
nur eine, war ja eine Rarität.«

Das Café Viebahn mit eigener Süßwarenfertigung

Traditionell werden Nüsse in Kupfer-kesseln mit Schokolade dragiert

Ein kleines Café

Der Ursprung von Viba geht zurück in das Jahr 1893 und führt in das kleine Fachwerk-Städtchen Schmalkalden am Südhang des Thüringer Waldes. Hier wohnten die Geschwister Willi Viebahn und Anna Reim, die am 15. Juli 1893 das Café Viebahn mit eigener Süßwarenfertigung eröffneten. Dank hoher Fenster und edler Stuckdecken mauserte sich das Café mit dem besonderen Flair schnell zu einem anerkannten Treffpunkt der »besseren« Gesellschaft. Man wollte im Café Viebahn nicht nur genießen, sondern auch sehen und gesehen werden. Die Nachfrage nach den kleinen Köstlichkeiten stieg dabei stetig an und das Sortiment wurde kontinuierlich ausgeweitet.

1919 entwickelte Willi Viebahn die bis heute einzigartige Rezeptur für den Original Viba Nougat. Die neue Köstlichkeit war von jetzt auf gleich so stark nachgefragt, dass die Belegschaft irgendwann nicht mehr mit dem Abpacken der Nougatblöcke nachkam. Wie es der Zufall wollte, erfuhren die Geschwister durch einen befreundeten Zigarrenfabrikanten von seiner gebrauchten Zigarrenpack-maschine, welche 30 Zigarren in wenigen Minuten abpacken konnte. Die findigen Unternehmer beschafften sich solch eine Packmaschine und passten die Form des Nougats der Form einer Zigar-re an. Noch heute sind wir froh über diese Begebenheit – denn bald schon, wir schreiben das Jahr 1920, war somit die Original Nougatstange geboren. Sie ist der Klassiker aus dem Hause Viba und blieb bis heute in ihrer Rezeptur und unverwechselbaren Stangenform unverändert.

Mitte der 1930er erlebte das Unternehmen eine regelrechte Blütezeit: Im Drei-Schicht-Betrieb produzierten 350 Mitarbeiter rund 500 überwiegend aus Marzipan gefertigte Erzeugnisse. Nougat wuchs damals im Nebengeschäft immer weiter. Der 2. Weltkrieg und die spätere Verstaatlichung von 1972 prägten die weitere Entwicklung des Unternehmens.

1992 übernahmen die heutigen Inhaber Karl Heinz Einhäuser und Holger Storch, langjähriger Pro-duktionsleiter des Betriebes, alle Geschäftsanteile und setzten sich zum Ziel, das Unternehmen zu altem Erfolg zurückzuführen. Die Kundennachfrage gab ihnen Recht und in wenigen Jahren etab-lierte sich Viba als einer der größten Süßwarenhersteller der Region.

»Der gute Nougat aus Schmalkalden ist mir
in die Wiege gelegt worden. Für mich ist es kein Problem, eine
50 g Nougatstange sofort im Ganzen zu vernaschen. Wer mich kennt weiß, dass
ich ein absolut »Süßer« bin. Heute nehme ich mir mehr Zeit für Genuss – genieße
somit bewusster. Ich liebe gute Qualität und dahingehend hat
mich Viba Nougat noch nie enttäuscht.«

Filigrane Handarbeit beim Ausgarnieren der Confiserie-Pralinen

Klassische Nougatfertigung

Mit der ebenfalls 1992 neu geschaffenen Marke »Viba« lehnte man sich an den Familiennamen des Firmengründers Willi Viebahn an, und schuf gleichzeitig ein Erkennungszeichen, das heute jedem Nougatliebhaber geläufig ist.

1997 wurde mit dem Umzug von Schmalkalden ins benachbarte Floh-Seligenthal der heutige Unternehmenssitz errichtet, an dem erfahrene Mitarbeiter dank einer Kombination aus traditionellen Herstellungsverfahren und modernster Technik die außergewöhnliche Produktqualität sicherstellen.

> »Im Jahr 2000 feierte Viba einen Guinness Rekord
> mit der größten Nougatstange der Welt: 3 m Länge,
> 50 cm Durchmesser, 750 kg schwer. Tausende Besucher
> kamen an diesem Tag nach Schmalkalden. Ich erinnere mich
> heute noch daran, es war gigantisch!«

Heute ist Viba mit 250 Mitarbeitern Marktführer im deutschen Nougatmarkt und bietet mit mehr als 30 verschiedenen Nougaterzeugnissen eine unerreichte Vielfalt. Wir verstehen uns als traditionsreicher, innovativer Hersteller genussvoller Nougatspezialitäten, feinsten Marzipans, edler Nuss-Drageés, köstlicher Frucht-Snacks, handgefertigter Confiserie-Pralinen und süßer Geschenke. Unsere Leidenschaft ist der Genuss und wir legen viel Wert darauf, unsere Kunden immer wieder neu zu überraschen. Zum Beispiel mit einem Kochbuch zusammen mit unserem Gleichgesinnten Christian Senff.

> »Viba Nougat ist unverkennbar im Geschmack
> und bringt mit seinem zarten Schmelz jeden Gaumen um den Verstand.
> Was haben Viba und ich gemeinsam? Wir lieben Nougat.
> Das ist der kleinste gemeinsame Nenner, um 54 Rezepte
> mit den verschiedensten Nougatsorten entstehen lassen zu können.«

INSPIRATIONSREISEN
um die Welt

»Wenn jemand eine Reise tut, dann kann er was erzählen,
von »Genussreisen« ganz zu schweigen!
Kreative Rezepte kommen nicht von ungefähr. Inspirationen aus der
Metropole New York und deren neueste Food Trends, die Klassiker
aus Bella Italia und Frankreich sowie die Esskultur meines
geliebten Griechenlands aber auch die vielfältige Street-Food-Kultur
in Amerika, Asien und Europa waren die Grundlage
für die Rezeptentwicklung. Thüringen, Kindheitsgerichte und per-
sönliche Genussvorlieben spielten hierbei ebenso eine wichtige
Rolle, wie der Wunsch, aufzuzeigen, dass Nougat Lifestyle ist.«

Butterbrioche mit Nougatkern

Hagebuttenkrapfen griechischer Art

Griechenland

»An Griechenland fasziniert mich die Esskultur, weil sie von Entspannung und Genuss geprägt ist! Besonders die Einfachheit einer guten, sehr ehrlichen Küche. Freunde und Familie sitzen gesellig an einem Tisch. Das Essen wird in großen Schüsseln oder auf Platten serviert, von denen man sich nimmt, so viel man mag. Auch das Markttreiben mit all seiner Auswahl an frischen Produkten ist unglaublich. Fischhändler klatschen hier den in Griechenland sehr geschätzten Oktopus wiederholend auf harte Flächen, so dass er schön weich wird – in meinem Beisein auf dem Markt in Athen auch schon mal direkt gegen die Hauswand. Anschließend wird er zum Trocknen aufgehangen und wird dadurch butterweich und zart. Jede Region hat ihre eigenen Rezepte und kennt spezielle Techniken der Vorbereitung. Ich persönlich habe für mich viel mitgenommen, so dass einige Gerichte hier im Buch griechisch inspiriert sind. Keine Küche ist so vielfältig, wie die der Mittelmeerländer. Hier braucht es kein aufwändiges Anrichten, denn hier spricht die Produktqualität für sich. Gewürze, Öle, vielfältige Kräuter, die Reife der Gemüsesorten, die Frische von Fisch und Fleisch… da macht das kreative Kochen doppelt Spaß!«

Italien & Frankreich

»Es folgten Reisen nach Italien in die Toskana und attraktive Trips nach Frankreich. Südfrankreich im Speziellen ist kulinarisch ein Traum, weist herrliche Eigenheiten auf und hat den Ruf als Schlemmerküche. In den Bergen eher deftiger und zum Meer hin leichter werdend – perfekt, um mit verschiedenen Nougatsorten zu experimentieren. Der helle Nougat für die leichte Küche und die dunkleren Sorten für herzhafte Gerichte. Allein die Rezeptentwicklung war mehr als spannend, da ich auch hier wieder gemerkt habe, wie intensiv sich Nougat als eigene Gewürzkomponente bzw. köstlicher Geschmacksträger verwenden lässt. Mein Tag beginnt meist süß – eine Parallele zu den »Keks in den Cappuccino« dippenden Italienern und den »Milchcafé und Croissant« frühstückenden Franzosen. Bei Klassikern wie der weichen Butterbrioche geht mein Herz auf. Gefolgt von den typischen Lieblingen Tiramisù und Panna Cotta, die ich mit Nougat neu interpretiert habe. Dieser zarte Nougatschmelz passt wunderbar und lässt sich herrlich in den Süßspeisen verarbeiten.«

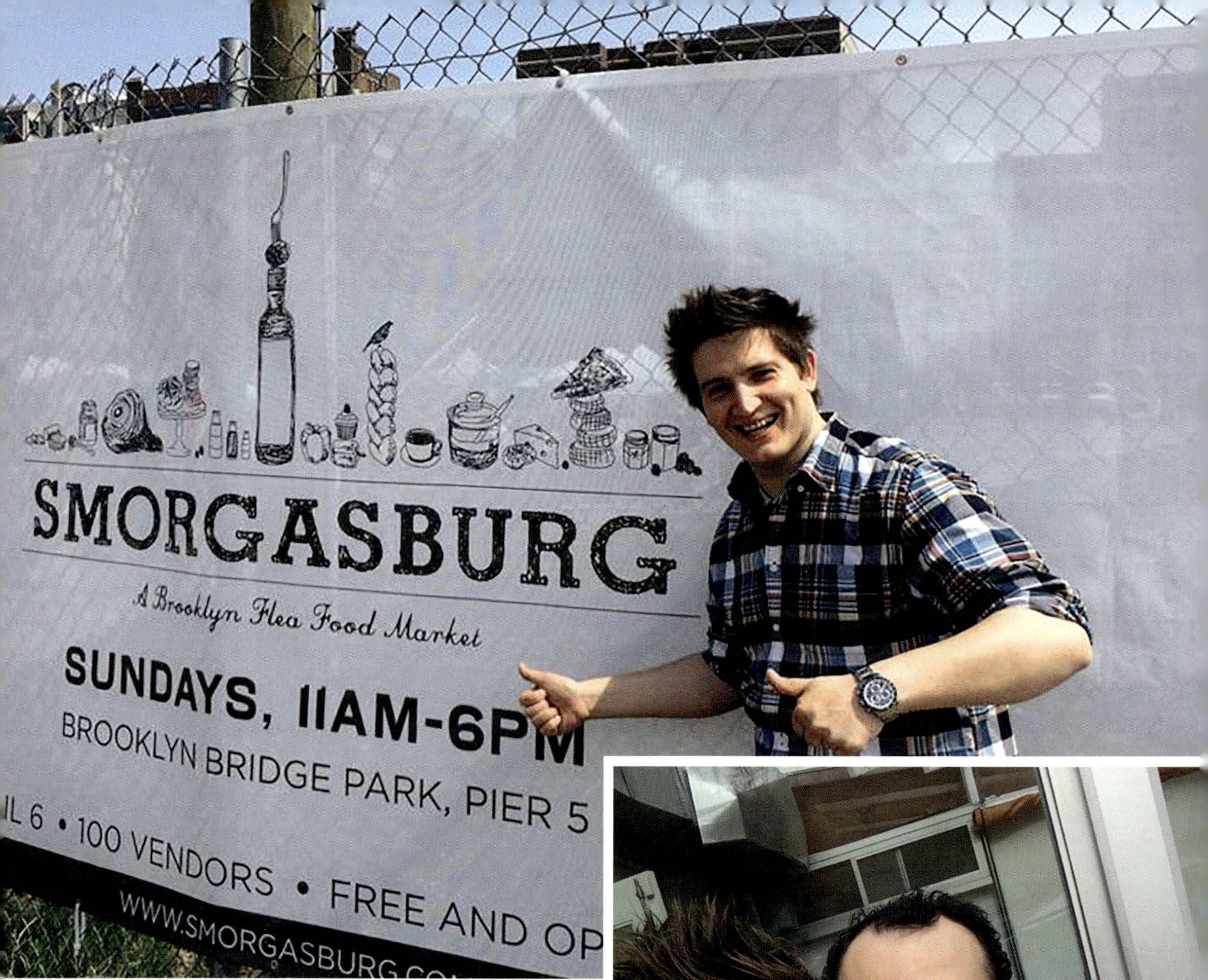
SMORGASBURG
A Brooklyn Flea Food Market
SUNDAYS, 11AM-6PM
BROOKLYN BRIDGE PARK, PIER 5
IL 6 • 100 VENDORS • FREE AND OP
WWW.SMORGASBURG.CO

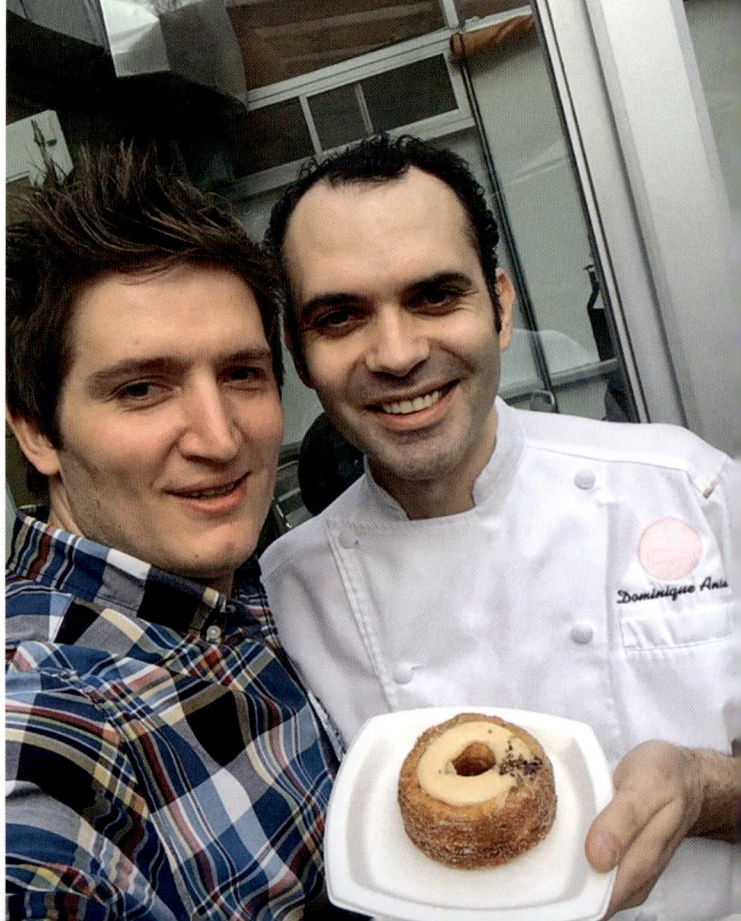

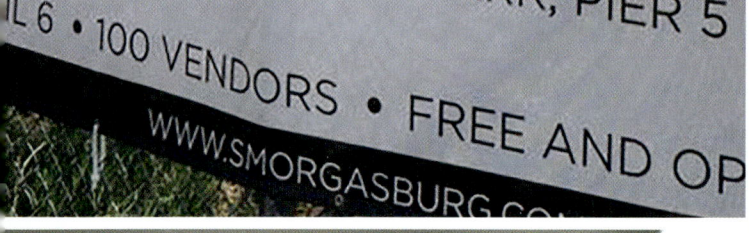

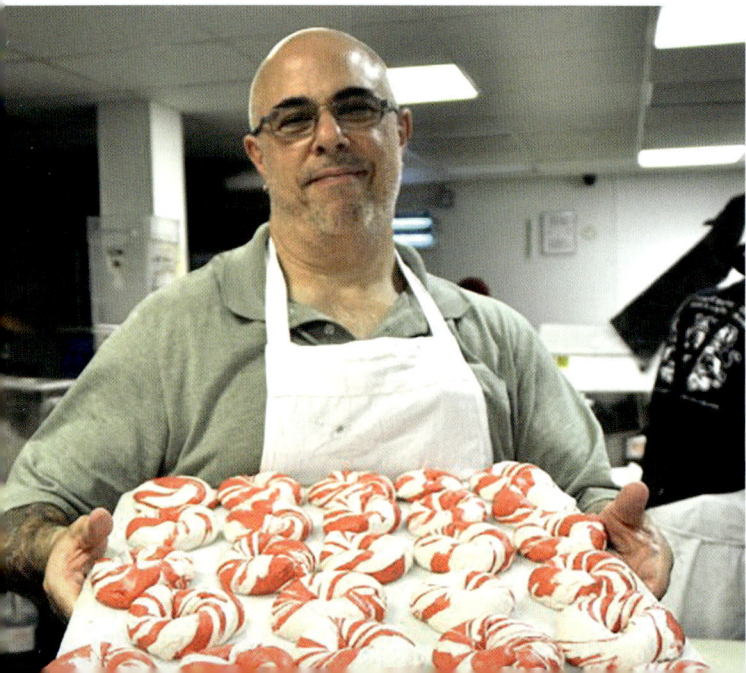

Blick auf den Thüringer Wald

Meine Heimat: Schmalkalden

Heimat

»Bei aller Kulinarik …meine Favoriten sind jedoch einfache Kartoffelgerichte, wie Omas Hoppser-klößchen und Desserts, wie Milchreis! Ganz unspektakulär, ich weiß. Für mich etwas Besonderes, da es aus dem Herzen kommt und Heimatgefühl in sich trägt. Den Milchreis, lauwarm, mit Nougat verschmolzen, fein cremig und darauf knackige Granatapfelkerne, exotische Passionsfrucht, Nüsse, Pistazien, selbstgemachtes Granola – das sind die Gegensätze, die dem Ganzen den gewissen Kick geben.

Klar ist es spannend, mit besonders exotischen und seltenen Lebensmitteln zu arbeiten. Doch ist das immer sinnvoll? Gedanken zu Jahreszeiten und Region, zur Nachhaltigkeit und zur Produktion unserer Lebensmittel sind nicht nur Teil meiner Ethik als Mensch, sondern neben dem Kontrast-reichtum die Kultur meiner Küche.«

New York

»Durch meine Reise nach New York 2014 auf der Suche nach kulinarischen Schätzen, fand ich Scott Rosillo – den Erfinder des Cragels. Wir lernten uns in Scotts kleinem Laden in Williamsburg New York kennen. In seiner feinen Küche erfuhr ich alles über die Geheimnisse des Cragels, Tipps und Kniffe verschiedener Zwitterfoods. Mittlerweile zählt Scott zu meinem Freundeskreis. Wir treffen uns regelmäßig, um uns über die neuesten Trends auszutauschen. Denn New York ist das Mekka des Zwittersnacks, die Metropole, in der schnell neue Ideen und Trends entstehen. Der Cragel ist klassisches Zwitterfood, ein Mix aus dem bekannten Bagel & Croissant. So kann man jetzt beides genießen – in Rainbow-Optik tatsächlich der neueste Schrei in Amerika.

Für mich ist es wichtig, Trends schnell aufzugreifen oder alte Klassiker aufzufrischen, indem ich sie neu interpretiere, ihnen eine eigene »Senff-Note« gebe. Auch den Cronut habe ich für mich in New York entdeckt. Es war Liebe auf den ersten Biss! Morgens 6 Uhr im kultigen SoHo: meterlange Schlangen bilden sich vor der »Dominique Ansel Bakery«, dem Urvater des Cronuts, in der Spring Street. Lange bevor die Bäckerei geöffnet hat, wartet man geduldig, denn alle wollen ihn, den Cro-nut – einen Mix aus Croissant & Donut. Der Hype um den luftig lockeren Teigkringel ist ungeschlagen, das Rezept des französischen Bäckers Dominique Ansel mittlerweile patentiert und mehrfach kopiert. Ich wollte ihn unbedingt in meinem Buch, denn mit Nougat gefüllt ist er ein Gedicht – mein Gedicht. Mittlerweile gibt es auch von mir bereits einige Senff-Zwittersnacks auf dem Markt, die ich von meinen Genussreisen mitgebracht habe.«

◀ **oben:** Auf der Suche nach den neuesten Trends in Brooklyn auf dem Street Food Market;
unten links: Scott Rosillo, der Erfinder des Cragels;
unten rechts: Dominique Ansels Cronut ist Kult in New York

NOUGAT ERLEBEN
in unseren Viba-Welten

»Hereinprobiert! Ob auf eine Tasse Kaffee, zum
Naschen an der großen Eistheke mit über 26 Sorten, darunter
10 verschiedene aus Nougat, Mitmachen bei den kreativen Kursen
in der Erlebnis-Confiserie, Einkaufen im großen Shop mit vielen
Geschenken oder zum Feiern mit Freunden, Familie oder Verwandten im Genießer-Restaurant – ein Besuch in der
Viba Nougatwelt ist immer ein Erlebnis!«

oben: Mitmachen – Erleben – Genießen ▶
in der Nougat-Allee 1 in Schmalkalden;
unten: Mit viel Liebe & Leidenschaft
entstehen hier handwerkliche Kunstwerke aus Nougat & Schokolade

Freude am Naschen

Neben der berühmten, klassischen Viba Nougatstange, die bis heute unverändert in Originalrezep-tur von 1920 gefertigt wird, gibt es mittlerweile viele weitere Sorten, wie Krokant, Royal, Zartbitter, Schicht-Nougat oder saisonale Limited Editions mit Chili, Knisterzucker oder Nougat mit Frucht, wie Orange oder Zitrone.

Bei der Vermarktung der Produkte entschieden wir uns zu Anfang für den klassischen Lebens-mittelhandel. 2004 haben wir ausgehend vom Erfolg des Fabrikverkaufes direkt am Firmensitz in Floh-Seligenthal außerdem beschlossen, eine eigene Fachhandelskette aufzubauen. Und so eröff-neten wir weitere eigene Läden in Thüringen, Sachsen, Sachsen-Anhalt und erweiterten beständig das Filialnetz. Wir sahen in der Vermarktung über eigene Shops zusätzliche Absatzchancen sowie den unmittelbaren Kontakt zum Kunden und die Möglichkeit, Produktneuheiten zu testen. Das Sortiment rund um die zart schmelzende Süßware wurde stets größer und mit Marzipan, Frucht Snacks, Edel-Dragées und feinen Nougat-Schoko-Kombinationen zum selber Naschen, und im Spe-ziellen auch zum Verschenken, kontinuierlich ausgebaut. Die Vorlieben für Süßigkeiten sind re-gional verschieden. Während Marzipan und dunkle Schokoladen eher im Norden ihre Liebhaber finden, sind im Süden helle Schokolade und Nougat begehrter. Entsprechend gestalten sich die Sortimente der Viba Fachgeschäfte, so dass jeder nach seinem Gusto bedient werden kann.

Wir als inhabergeführtes Unternehmen legen bei der Weiterbildung unserer Confiseure großen Wert darauf, dass nicht nur die moderne Technik beherrscht wird, sondern auch die handwerk-liche Schokoladenkunst erhalten bleibt. Es folgte der Aufbau einer großen Pralinenabteilung mit eigener Fertigung, in der die Viba Confiseure mit Lust & Leidenschaft kleine, süße Kunstwerke entwickeln. Marc de Champagne, Vanille-Mohn, Orange, Whisky, Rum oder Himbeer-Sahne: alles feinste Trüffel. Pralinen aus Nougat, Marzipan, Nüssen und Krokant sowie gegossene Confiserie-Schokoladen und Schokoladen-Hohlfiguren. Alle Artikel gehen direkt ab Werk in den Versand und füllen, liebevoll beschleift und fix und fertig zum Verschenken, die Regale in den Viba Shops.

Für echte Genießer sind die mittlerweile über 40 Viba Fachgeschäfte ein wahres Naschparadies. Immer auf der Suche nach der Einzigartigkeit, exklusiven Raffinessen, dem Individuellen und der selbst gesteckten Aufgabe, mit Genuss & süßen Arrangements die Kunden zu überraschen. Feierlichkeiten, Jubiläen, saisonale Anlässe oder einfach nur mal so – von der kleinen Aufmerksam-keit bis hin zum großen Präsent – bei Viba bekommt man alles, was das Herz begehrt.

»Mein Geheimtipp: In den Viba Shops
können Neuheiten direkt vor Ort probiert werden!«

Viba in der Altmarkt-Galerie Dresden

Himmlische Nougattörtchen zum Kaffee

Mit allen Sinnen erleben

Mit der Vision, Nougat erlebbar zu machen, entstand im Verlauf einiger Jahre die Idee, eine Nougat-Erlebniswelt zu schaffen. Viba scheute sich nicht vor dieser Investition, realisierte die Vision mit viel Liebe zum Detail und eröffnete 2012 die Viba Nougat-Welt in Schmalkalden.

> »Hier in der Küche der Viba Nougat-Welt entstanden einige der Rezepte aus diesem Buch. Es war toll, direkt vor Ort an der Quelle zu arbeiten.«

In der Nougat-Allee 1 gibt es auf fast 2.500 m² Fläche und über zwei Etagen verteilt Nougatträume zum Dahinschmelzen. Eingebettet in eine attraktive Parkanlage mit Teich, Sonnenterrasse, Biergarten und Spielplätzen ist die »Gläserne Praline«, wie sie von Einheimischen und Touristen bereits liebevoll genannt wird, das süßeste Ausflugsziel Thüringens.

Täglich freuen wir uns über die strahlenden Augen der kleinen und großen Genießer bei ihren süßen, gleichermaßen erlebnisreichen Entdeckungen. Es gibt jede Menge Möglichkeiten, den Confiseurinnen bei ihrer kreativen Arbeit hinter Glas zuzusehen oder selbst das »Handwerk« der Confiserie zu zelebrieren. Die unterschiedlichsten Mitmachkurse, vom Schnupperkurs bis hin zum Fortgeschrittenen-Kurs, geben Einblick in den Umgang mit Schokolade, Nougat und die Kunst, Pralinen & Trüffel selbst herzustellen. Anschauliche Filme über die Nougat-Produktion werden vorgeführt und eine interaktive Ausstellung lädt zum Entdecken & Lernen ein. Wie wird die Nuss zum Nougat? Woher kommen die Rohstoffe? Und warum ist Nougat eigentlich so zart schmelzend? Diese und viele andere Fragen werden hier beantwortet. Selbst das Rösten frischer Haselnüsse wird zur Gaumenfreude der Besucher vorgeführt.

Wer in Schmalkalden auf den Geschmack gekommen ist, kann seine Nougat-Entdeckungsreise bis nach Dresden weiterführen: In der Viba Erlebnis Confiserie & Café in der Altmarkt Galerie mit Blick auf die Frauenkirche und den Dresdner Striezelmarkt im Advent können unter Anleitung unserer Confiseure ebenfalls eigene süße Kreationen gezaubert werden. Abgerundet durch einen leckeren Kaffee oder noch das eine oder andere Mitbringsel aus dem großen Shop, ist das süße Erlebnis perfekt. Viba ist Genuss-Spezialist und hat mit Liebe, Leidenschaft und Perfektion seine Vision zur Wirklichkeit gemacht.

Nougat überrascht im herzhaften Sellerie-Puffer

Nougat in der Küche

Vom klassischen über den hellen, fein sahnigen bis hin zum Schicht-Nougat – nur qualitativ hochwertige Zutaten verschmelzen hier miteinander. Frisch geröstete Haselnüsse, bester Kakao, Bourbon-Vanille und zudem ganz viel Leidenschaft machen das Genusserlebnis einzigartig und sinnlich.

Die Geschichte des Nougats hat eine lange Tradition. Sie reicht bis in die Zeit Napoleons zurück: bereits um 1800 war Italien für sein Schokoladenhandwerk bekannt. Aufgrund von Zollerhöhungen des französischen Feldherrn auf amerikanische Kakaoimporte begann man in Turin, Schokolade mit gerösteten und gemahlenen Haselnüssen anzureichern, quasi zu »strecken«. Der daraus entstandene »Gianduja Nougat« unterschied sich in seiner Rezeptur von Hersteller zu Hersteller. Er durchlief viele Länder und bot eine Vielfalt an Geschmacksnuancen. Jeder Hersteller wollte eine traditionelle, jedoch eigene Nougatkreation offerieren und so variierten die Anteile der exotischen Zutaten. Aus einer anfänglichen Notlösung wurde somit eine der beliebtesten Süßwaren Europas.

In der Küche kommt die Vielseitigkeit des Nougats erst richtig zur Geltung. Kochen mit Schokolade ist heute nicht mehr wegzudenken. Nougat jedoch setzt geschmacklich noch einen oben drauf! Während man bei Schokolade besonders den Kakaogehalt und den feinen Knack beim Reinbeißen lobt, begeistert Nougat mit ganz anderen Eigenschaften: Die herrliche Haselnussnote, der überaus zarte Schmelz und das warme, samtige Gefühl, wenn der Nougat langsam im Mund zergeht...

Nougat macht sich tatsächlich auch in herzhaften Gerichten
sehr gut, wie Sie spüren werden. Ich habe eine ganz neue Verwendung
von Nougat gelernt – der Geschmack in den Gerichten überrascht.
Wenn ich eine leichte Haselnussnote im Gericht haben möchte,
verwende ich eher den hellen Nougat sowie auch, um helle Suppen zu kreieren.
Zum Binden von kräftigen Saucen eignet sich der Nougat Noir besonders gut.«

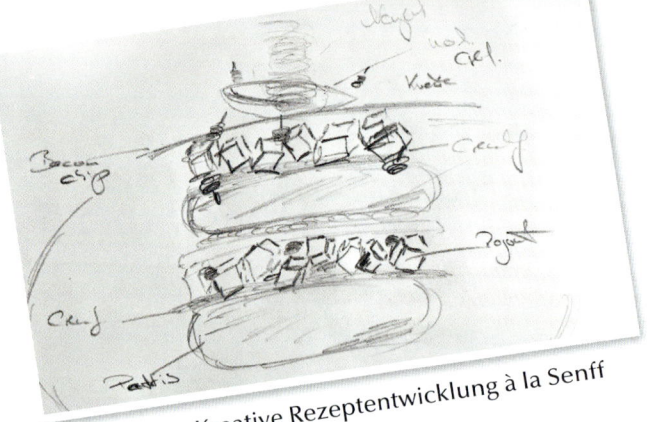

Zubereitung der ▶
zweifarbigen
Nougat Panna Cotta

Kreative Rezeptentwicklung à la Senff

Gut zu wissen

Noch eine tolle Eigenschaft von Nougat: Er ist in der Küche ganz einfach zu handhaben! Es bedarf keiner ausgefallenen Küchengeräte oder langen Vorbereitungszeiten.

*»Meine Rezepte entstehen zuerst im Kopf. Dann bringe ich diese
zu Papier, woraufhin eine kreative Skizze entsteht, die bereits alle wichtigen
Komponenten für das neue Gericht enthält. Hierzu brauche ich Muse, nehme
mir dafür gerne Zeit. Wenn man mit so einem tollen Produkt wie Viba Nougat
neue Kreationen entwickelt, ist das gar nicht so einfach zu widerstehen, denn
die Versuchung den Nougat während des Kochens zu vernaschen, ist ziemlich groß.
Probieren Sie es aus, dann verstehen Sie was ich meine!«*

Schmelzen
Um eine glänzende Masse zu erhalten, stelle ich den Nougat auf ein Wasserbad,
dann wird er fein flüssig, glänzt ideal und lässt sich leicht verarbeiten.

Schneiden
Hier empfehle ich, den Nougat eine Weile vor dem Verarbeiten ins Gefrierfach zu legen, um ihn
dann in Scheiben oder Würfel zu schneiden. Durch die Kühlung klebt der Nougat nicht am Messer
und die Scheiben oder Würfel sehen gleichmäßig aus.

Hobeln und Raspeln
Um ähnlich feine, dünne Späne zu erhalten wie beim Parmesan, verwendet man hier beim Hobeln
eine Vierkantreibe. Mit Leichtigkeit gelingen kleine, feine Nougat-Flocken, wenn der Nougat vorher kurz eingefroren war. Dann schmilzt dieser nicht in der Hand und das Ergebnis wird perfekt.

*»Ich verrate Ihnen noch etwas: Auch bei der Kastenbrioche
werden die Nougatstangen vor dem Backen gefroren in die Briochemasse gedrückt.
Das ist das Geheimnis für den perfekt flüssigen Nougatkern!«*

   ⓦ   einfach – auch für Neueinsteiger in der Küche

   ⓦⓦ   anspruchsvoller – mit etwas Übung nachzukochen

   ⓦⓦⓦ für den Profi – Geschick und Zeit erforderlich

FRÜHLINGSBOTEN

Grünes zum Essen & Trinken

»Traditionelle Marktatmosphäre, internationales und heimisches Obst & Gemüse – alles superfrisch – Gewürze, junge Kräuter, Feinkost… Die Kleinmarkthalle in Frankfurt nahe der bekannten Einkaufsmeile »Zeil« ist mein Einkaufsdomizil. Hier lasse ich mich inspirieren und finde immer wieder Anregungen für neue Gerichte. Manchmal gehe ich auch in den Supermarkt, glaube jedoch daran, dass wir uns bemühen sollten, bewusstere Konsumenten zu werden.«

Nougat Green Tango
mit karamellisiertem Apfel

| ZUBEREITUNG: ca. 5 min | FÜR 2 PERSONEN

Für 2 Gläser

½ Stange Nougat Noir
200 g Spinat
150 g Mango
150 g Wassermelone
190 ml Kokoswasser
1 TL brauner Zucker
½ Apfel
3 cl Nougat-Likör
eine Handvoll Crushed Ice

1 Die Nougatstange einfrieren.

2 Den Spinat waschen und trocken schleudern.
Mango und Melone schälen und in Stücke schneiden.

3 Außer dem Nougat und Nougat-Likör alle vorbereiteten
Zutaten gemeinsam mit dem Kokoswasser in den Mixer geben
und für 2 Minuten gut durchmixen.

4 Den Apfel schälen und in gleichmäßige Würfel schneiden.

5 Den braunen Zucker in eine Pfanne geben und diesen
leicht karamellisieren.

6 Die Apfelwürfel zum Karamell geben, kurz schwenken
und mit dem Nougat-Likör ablöschen.

7 Eine Handvoll crushed Ice in ein großes Glas geben
und mit dem Smoothie auffüllen.

8 Nun die karamellisierten Apfelwürfel oben aufsetzen
und mit einer feinen Reibe den Nougat darüber hobeln.

»Generell eignen sich alle Melonensorten
gut für Smoothies. Die Reife der Frucht ist besonders wichtig.
Wenn man sich unsicher ist, hilft die Klopfprobe.
Man erkennt eine reife Honigmelone am dumpfen Klang,
wobei die Wassermelone eher hohl klingen muss.«

Nougat Avocado Lady
mit gerösteten Mandelsplittern

🕐 | **ZUBEREITUNG:** ca. 5 min | FÜR 1 PERSON

Für 1 Glas

3 Orangen
120 g Ananas
1 – 2 mittelgroße Avocados
Saft einer ½ Zitrone
3 EL Crushed Ice
2 cl Nougat-Likör
20 g geröstete Mandelsplitter

1 Die Orangen waschen, halbieren und den Saft mit einer Zitruspresse herausdrücken. Avocado halbieren, Stein entfernen und das Fruchtfleisch mit einem Löffel aus der Schale heben.

2 Nun alle weiteren Zutaten, bis auf den Likör und die Mandelsplitter, in den Mixer geben und für ca. 2 Minuten mixen.

3 Die Mandelsplitter in einer Pfanne goldbraun rösten.

4 Das Crushed Ice in ein Glas geben.

5 Den Smoothie in das Glas füllen, den Likör hinzufügen und mit den Mandelsplittern als Topping verfeinern.

»Man sollte darauf achten, dass die Avocados reif sind. Das erkennt man an der Farbe der Schale, welche einen leichten Braunton haben sollte. Wenn die Schale auf leichten Druck nachgibt, ist die Frucht reif. Sollte man jedoch einmal eine unreife Avocado gekauft haben, kann man diese mit Äpfeln zusammen lagern. So reifen sie schneller nach, da Äpfel das Reifegas Ethen ausstoßen.«

Nougat-Sellerie-Puffer
mit geräuchertem Lachs

🥥🥥 | ZUBEREITUNG: ca. 30 min | FÜR 4 PERSONEN

Für die Puffer

2 mittelgroße Kartoffeln
1 Karotte
½ Sellerie
2 getrocknete Tomaten
2 Eigelb
Prise Salz & Pfeffer
1 Stange Nougat Noir
2 EL Öl

Für die Beilagen

160 g gebeizter,
geräucherter Lachs
1 EL getrocknete Tomaten
4 EL Crème fraîche
1 Zitrone
1 TL Kalamata Oliven
1 Bund Petersilie
1 Stange Nougat Noir
Prise Salz

1 Die Kartoffeln und das restliche Gemüse waschen, schälen und mit einer Reibe gleichmäßig in Streifen raspeln. Die getrockneten Tomaten mit einem scharfen Messer in feine Streifen schneiden. In einer Schüssel mit Eigelb, Salz und Pfeffer vermengen.

2 In der Zwischenzeit den Nougat in gleichmäßige Würfel schneiden und vorsichtig unterheben.

3 Die Puffer in einer Pfanne mit etwas Öl in Ringen mit ca. 9 cm Durchmesser von der ersten Seite anbraten.

4 Nun umdrehen und im vorgeheizten Backofen bei 170 °C für ca. 10 Minuten ausbacken.

5 Den gebeizten, geräucherten Lachs in feine Scheiben schneiden und diesen in Röschen drehen.

6 In der Zwischenzeit die Tomaten für die Beilage in Wasser einweichen, leicht ausdrücken und in feine Würfel schneiden.

7 Die Crème fraîche mit Zitronenabrieb, Zitronensaft, gehackter Petersilie, Tomatenwürfeln, Olivenstreifen und dem in Würfel geschnittenen Nougat vermengen.

8 Einen Löffel der fertigen Crème fraîche auf den Nougat-Sellerie-Puffer geben und das Lachsröschen darauf drapieren.

»Um Farbe ins Spiel zu bringen, kann man das Ganze auch mit unterschiedlichen Gemüsesorten versuchen, wie z.B. mit Roter Bete, Spinat oder Kürbis. Das Gemüse nach dem Schneiden kurz blanchieren, so behält es seine Farbe.«

Nougat Mug Cake
mit Erdnussbutter-Crunch

| ZUBEREITUNG: ca. 30 min | BACKZEIT: 3 min | FÜR 1 PERSON

Für den Teig

6 EL Mehl
4 EL Zucker
Prise Salz
1 TL gehackte, geröstete
Erdnüsse
½ TL Backpulver
1 ½ Stangen Nougat Classic
2 EL Erdnussbutter Crunchy
1 Ei
2 EL Traubenkernöl
20 g Puderzucker

1 Die trockenen Zutaten bis auf den Puderzucker in einer
Schüssel mischen.

2 1 Stange Nougat und die Erdnussbutter auf dem Wasserbad
schmelzen lassen.

3 Ei, Öl und die Nougat-Erdnussbutter-Masse miteinander
vermischen und zu den trockenen Zutaten geben.

4 Den Teig in eine Tasse füllen. Den restlichen Nougat
in kleine Würfel schneiden und auf dem Teig verteilen.

5 In der Mikrowelle bei 750 Watt für etwa 3 Minuten backen.

6 Den Mug Cake mit Puderzucker bestäuben
und noch warm verzehren.

»Diese kleinen Küchlein sind in nur wenigen Minuten fertig.
Mug Cakes, oder auch Tassenkuchen, werden in der Tasse gebacken
und können auch direkt aus der Tasse genascht oder gestürzt werden.
Sie sind ideal für ungeduldige Naschkatzen und Überraschungsgäste!
Noch etwas: damit der Teig auch fein die Tasse hoch wandert,
diese vorher schön einfetten und mehlieren.«

Caesar Salad
mit Nougat-Balsamico Dressing

👐👐 | **ZUBEREITUNG:** ca. 40 min | FÜR 4 PERSONEN

Für den Caesar Salad

2 Maishähnchenbrüste
8 Scheiben Parmaschinken
120 g Nuss-Focaccia
2 EL Olivenöl
10 Kirschtomaten
3 Romana Salatherzen
40 g Parmesan
3 weichgekochte Eier
60 g Mehl
1 Eiweiß
120 g Panko
2 EL Macadamianüsse

Für das Dressing

2 Schalotten
2 EL Pflanzenöl
240 ml Balsamico-Essig
40 ml Sherry-Essig
60 g brauner Rohrzucker
50 ml Portwein
1 TL Senf
1 Stange Nougat Royal
180 ml Gemüsebrühe
280 ml Traubenkernöl
35 ml Haselnussöl
4 EL Crème fraîche
Prise Salz & Pfeffer

1 Die Maishähnchenbrust würzen und in einer Grillpfanne von beiden Seiten kross anbraten. Anschließend auf ein Blech setzen und im vorgeheizten Ofen bei 200 °C für ca. 8 Minuten garen. Den Parmaschinken auf das Blech mit den Maishähnchenbrüsten legen und im Ofen kross werden lassen.

2 In der Zwischenzeit das Focaccia in Würfel schneiden und mit etwas Olivenöl in der gleichen Pfanne anrösten. Die Tomaten halbieren und mit in die Pfanne zu den Focaccia-Würfeln geben, um sie leicht zu erwärmen.

3 Die Salatherzen waschen, grob zupfen und abtropfen lassen. Den Parmesan fein reiben und in einer mit Backpapier ausgelegten Pfanne goldgelb ausbacken.

4 Die wachsweich gekochten Eier von der Schale befreien und nacheinander in Mehl, leicht geschlagenem Eiweiß und Panko wälzen. In heißem Fett goldbraun ausbacken.

5 Für das Dressing die Schalotten putzen, in feine Streifen schneiden und in einem Topf mit etwas Pflanzenöl glasig anschwitzen. Anschließend mit Balsamico und Sherry-Essig ablöschen und auf die Hälfte reduzieren.

6 Nacheinander Rohrzucker, Portwein, Senf und Nougat hinzugeben und glatt rühren. Mit Gemüsebrühe auffüllen und auf ein Drittel reduzieren. Traubenkernöl, Haselnussöl und Crème fraîche hinzugeben und mit einem Mixstab pürieren, bis eine sämige Konsistenz entstanden ist. Mit Salz und Pfeffer abschmecken.

7 Macadamianüsse in einer Pfanne mit etwas Rohrzucker von allen Seiten karamellisieren, goldbraun rösten und über dem Salat verteilen.

8 Alle Zutaten locker auf einem Holzbrett arrangieren und mit dem Dressing servieren.

Nougatmilchreis
»Tropical« mit Granola

| ZUBEREITUNG: ca. 30 min | FÜR 2 PERSONEN

Für das Granola

15 g Macadamianüsse
15 g Haselnüsse
15 g Walnüsse
150 g grobe Haferflocken
15 g Pistazien
15 g Mandeln
15 g Kürbiskerne
20 g Sonnenblumenkerne
10 g Sesam
20 g Kokosraspeln
1 Vanilleschote
3 EL Waldhonig
2 EL Sesamöl
Prise Salz
Prise Zimt
Prise Muskat
10 g Rosinen
5 g Cranberries
10 g getrocknete Mango

Für den Nougatmilchreis

70 g Butter
1 Vanilleschote
300 g Milchreis
80 g Zucker
80 ml Weißwein
800 ml Milch
2 Stangen Nougat Classic
1 Granatapfel
2 Passionsfrüchte

1 Für das Granola die Nüsse grob hacken. Nüsse, Kerne und Sesam in eine Schüssel geben, vermischen und gleichmäßig auf ein mit Backpapier ausgelegtes Blech geben.

2 Das Blech für ca. 20 Minuten in den vorgeheizten Ofen (175 °C) schieben und rösten. Die Mischung in kurzen Abständen immer wieder durchrühren, so dass alle Zutaten gleichmäßig goldbraun werden.

3 Wenn das Granola goldbraun ist, das Backblech herausholen und abkühlen lassen. Abschließend die gewünschten Trockenfrüchte grob hacken und untermischen.

4 In einem Topf die Butter zerlassen, die Vanilleschote der Länge nach aufschneiden und dazugeben. Den Milchreis und den Zucker einrieseln lassen und mit Weißwein ablöschen. Den Reis solange rühren bis dieser den Weißwein gut aufgenommen hat.

5 Die Milch hinzugeben und unter ständigem Rühren den Reis für ca. 16 Minuten vorsichtig köcheln lassen.

6 Den Nougat in Würfel schneiden. Diesen langsam unter die cremige Milchreismasse rühren bis er vollständig »verschmolzen« ist.

7 Den Nougat-Milchreis zugedeckt 10 Minuten ruhen lassen, dann die Gläser zur Hälfte damit befüllen.

8 In der Zwischenzeit das Fruchtfleisch von dem Granatapfel lösen und die Kerne in ein Schälchen geben. Die Passionsfrüchte halbieren und zu den Granatapfelkernen geben. Auf die Milchreisgläser verteilen.

9 Das Granola als Knuspertopping auf die Gläser verteilen.

»Granola, auch als amerikanisches Knuspermüsli
bekannt, ist eine beliebte Frühstücksmahlzeit.
Durch die lockere Kernmischung, die getrockneten Früchte
und Gewürze ist es nicht verklebt und die gewünschte
Süße durch den Honig gut steuerbar. Die Kombination Milchreis,
tropische Frucht und kerniges Granola – das sind die Kontraste,
auf die ich in der Küche absolut stehe.«

Petits Fours
mit Nougat-Ziegenkäse

⊕ | **ZUBEREITUNG:** ca. 30 min | FÜR 4 PERSONEN

Für die Petits Fours

80 ml Sahne
1 Vanilleschote
4 Stangen Nougat Noir
100 g Kuvertüre 85%
40 g Ziegenkäserolle
60 g Butter
12 Schokoladenhülsen
30 g Haselnüsse
4 Himbeeren
4 Brombeeren
4 Johannisbeeren
4 Erdbeeren

1 Die Sahne in einem Topf mit dem Mark der aufgeschnittenen Vanilleschote aufkochen.

2 Den Nougat Noir sowie die Kuvertüre auf dem Wasserbad schmelzen und mit der warmen Sahne übergießen.

3 Den Ziegenkäse hinzugeben und die Masse glatt rühren.

4 Sobald die Masse wieder Zimmertemperatur hat, die Butterwürfel untermixen und die Ganache kühl stellen.

5 Die gekühlte cremige Masse mit einem Spritzbeutel in die halboffenen Schokoladenhülsen spritzen.

6 Mit gerösteten Haselnüssen und den frischen Früchten garnieren.

»Das Petit Four ist ein klassisches Feingebäck der französischen
Küche, häufig auch mit »kleines Stückchen« übersetzt,
obwohl es wörtlich »kleiner Backofen« heißt.
Unsere Petits Fours werden nicht gebacken,
sondern raffiniert gefüllt und glamourös garniert.
Klein & fein, was will man mehr?«

Kräuterrisotto
mit Zitrus-Nougat-Schaum

🥥🥥 | ZUBEREITUNG: ca. 50 min | FÜR 4 PERSONEN

Für das Risotto
1 Schalotte
5 EL Butter
200 g Risottoreis
60 ml Weißwein
450 ml Gemüsebrühe
8 Babymaiskolben
12 Stangen Thai-Spargel
20 Zuckerschoten
5 Kirschtomaten
60 g geriebenen Parmesan
3 EL Bärlauchpaste

Für den Kräutersalat
6 frische Perlzwiebeln
1 TL getrocknete Tomaten
½ Stange Frühlingslauch
1 schwarze Walnuss
2 Hände gezupften Kerbel
50 g gehobelten Manchego
2 EL Olivenöl
1 EL Walnussöl
½ Stange Nougat Royal
1 Zitrone
Prise Pfeffer & Salz

Für den Nougat-Schaum
1 Schalotte
½ Knoblauchzehe
1 EL Olivenöl
160 ml Gemüsebrühe
100 ml Sahne
100 ml Milch
60 g geriebenen Parmesan
60 g Butter
2 Zitronen
1 Stange Nougat Royal

1 Die Schalotte schälen und mit 1 EL Butter in einem Topf glasig dünsten.

2 Den Reis hinzugeben und mitdünsten bis die Körner glasig sind. Anschließend mit Weißwein ablöschen. Den Reis nun vorsichtig köcheln und immer wieder mit Brühe aufgießen. Dabei ständig umrühren, damit dieser nicht am Boden ansetzt.

3 In der Zwischenzeit den Babymais, den Thai-Spargel und die Zuckerschoten in Salzwasser bissfest blanchieren. Zusammen mit den halbierten Kirschtomaten in etwas Butter kurz sautieren. Mit Salz, Pfeffer, Muskat und einer Prise Zucker fein abschmecken.

4 Sobald das Risotto fast fertig ist, den Parmesan und die Bärlauchpaste unter das Risotto rühren. Sie färbt das Gericht wunderbar grün. Mit Salz und Pfeffer verfeinern.

5 Für den Kräutersalat die Perlzwiebeln mit Schale bei 190 °C für ca. 30 Minuten in den Ofen geben, danach mit leichtem Druck aus der Haut befreien und in Segmente zupfen.

6 Die getrockneten Tomaten in etwas Wasser einweichen und in feine Würfel schneiden. Den Frühlingslauch in feine Ringe schneiden. Die schwarze Walnuss und den Nougat fein hobeln. Gemeinsam mit den restlichen Zutaten in eine kleine Schüssel geben. Mit Salz, Pfeffer, Öl und etwas Zitronensaft würzen.

7 Für den Schaum die Schalotte und den Knoblauch in einem Topf mit etwas Olivenöl anschwitzen.

8 Gemüsebrühe, Sahne und Milch dazugeben und aufkochen. Parmesan hinzugeben.

9 Den Topfinhalt und die Butterflocken mit einem Stabmixer glatt pürieren. Mit Salz, Pfeffer, Zitronensaft und Nougat abschmecken.

»Bärlauch behält durch kurzes Blanchieren
und direktes Abschrecken in Eiswasser sein Chlorophyll.
Püriert man die Bärlauchblätter danach sehr fein,
erhält man eine Paste, die unter das Risotto gehoben wird.
Grüner geht nicht!«

»Ricotta ist ein wahrer Küchengott
und in einer Vielzahl an modernen Gerichten gar
nicht mehr wegzudenken. Wer Ricotta nicht mag, kann
stattdessen auch Topfen oder einfachen
Frischkäse verwenden. Schmeckt (fast) genauso lecker!«

Muschelnudeln Sizilia
mit scharfer Nougat-Ricotta-Füllung

🐚🐚 | **ZUBEREITUNG:** ca. 60 min | FÜR 4 PERSONEN

Für eine Auflaufform

180 g Haselnüsse
2 Knoblauchzehen
7 EL Olivenöl
120 g große Muschelnudeln
150 g Parmesan
1 Zitrone
500 g Ricotta
1 Stange Nougat Noir
Prise Salz & Pfeffer
1 Karotte
½ Sellerie
1 Petersilienwurzel
½ Kohlrabi
½ Bund Kerbel
2 Stiele Koriander
2 Stiele glatte Petersilie
2 Stiele Basilikum
80 g Gouda

Für die Tomatensauce

10 große Tomaten
2 Schalotten
1 Knoblauchzehe
1 EL Olivenöl
2 Basilikumblätter
1 TL Oregano
1 EL schwarze Oliven
Prise Pfeffer & Chili
1 EL Salz
Prise Zucker & Zimt
4 EL Haselnussöl

1 Die Haselnüsse kurz blanchieren, schälen und im Ofen bei 180° C ca. 15 Minuten goldbraun rösten.

2 Die Nüsse fein hacken und mit Knoblauch und ca. 5 EL Olivenöl zu einer Haselnusspaste mixen.

3 Die Nudeln für 4 Minuten in Salzwasser vorkochen.

4 70 g Parmesan grob reiben und mit Zitronenabrieb, Ricotta und dem in feine Würfel geschnittenen Nougat vermengen. Mit Salz, Pfeffer und etwas Zitronensaft fein abschmecken.

5 Für die Tomatensauce die frischen Tomaten waschen, in Würfel schneiden und entkernen. Schalotten und Knoblauch schälen und in feine Würfel schneiden.

6 In einem Topf das Olivenöl erhitzen und Knoblauch und Schalotten darin anschwitzen. Die Tomaten und alle Aromaten hinzugeben. Für ca. 20 Minuten köcheln lassen. Dann pürieren und mit Salz, Zucker, Zimt und Haselnussöl abschmecken.

7 Eine Auflaufform mit der Tomatensauce befüllen. Die Muschelnudeln mit etwas Haselnusspaste bestreichen, mit der Ricottamasse füllen und auf die Tomatensauce setzen.

8 Für das Gemüsepesto das restliche Olivenöl mit dem fein gewürfelten Gemüse vermischen. Kerbel, Petersilie, Basilikum und die Korianderblätter von den Stielen zupfen und fein schneiden. Alles miteinander vermengen.

9 Gouda und restlichen Parmesan reiben und über die Muschelnudeln streuen. Die Auflaufform im Ofen für ca. 8 Minuten überbacken und ca. 2 Minuten vor Ende der Garzeit mit dem Gemüsepesto verfeinern.

Eierlikör-Nougat-Torte
mit Karamellkern

🌰🌰🌰 | **ZUBEREITUNG:** ca. 90 min | **BACKZEIT:** ca. 45 min | FÜR 4 PERSONEN

Für den Nougat Biskuit
6 Eier, 150 g Zucker
Prise Salz, 80 g Mehl
1 TL Backpulver
1 Stange Nougat Noir
100 g geröstete, gemahlene
Haselnüsse

Für die Eierlikör-Sahne
3 Blatt Gelatine
300 g Schlagsahne
2 EL Zucker
75 ml Eierlikör
15 ml Nougat-Likör

Für den Karamellkern
150 ml Sahne
1 Vanilleschote
200 g Zucker
50 g Butter
100 g geröstete, gehackte
Macadamianüsse
Prise Salz

Für die Deko
1 Stange Nougat Noir
300 ml Schlagsahne
1 Päck. Sahnesteif
Prise Zimt
1 TL Puderzucker
12 ganze Haselnüsse

Für den Eierlikörguss
4 Blatt Gelatine
125 ml Nougat-Likör
125 ml Eierlikör
1 EL Zucker

1 Den Backofen auf 180 °C vorheizen, den Nougat Noir zum einfacheren Reiben in den Kühlschrank legen.

2 Für den Biskuit die Eier trennen, mit der Hälfte des Zuckers und der Prise Salz das Eiweiß steif schlagen. Das Eigelb mit dem restlichen Zucker schaumig schlagen. Mehl, Backpulver, fein geriebenen Nougat und gemahlene Haselnüsse vorsichtig damit verrühren. Den Eischnee behutsam unterheben.

3 Eine Springform (Ø 24 cm) mit Backpapier auslegen. Den Teig einfüllen und im Backofen auf mittlerer Schiene etwa 45 Minuten backen und auf einem Gitter auskühlen lassen. In der Zwischenzeit für die Deko 1 Stange Nougat Noir auf dem Wasserbad schmelzen und mit einem Spatel auf Backpapier verstreichen und kalt stellen.

4 Den gebackenen Biskuit vorsichtig mit einem Messer vom Rand lösen, danach den Springformrand abnehmen und den Biskuit auf ein Kuchengitter stürzen. Horizontal in zwei Scheiben teilen. Auf eine Tortenplatte die erste Biskuitscheibe legen und den gereinigten Springformrand wieder darum setzen.

5 Für die Sahne die Gelatine in kaltem Wasser einweichen. Schlagsahne mit Zucker steif schlagen. Die eingeweichte Gelatine ausdrücken und in den auf 45 °C erwärmten Likören auflösen. Unter die geschlagene Sahne heben.

6 Die Hälfte der Likörsahne auf dem Tortenboden verteilen und mit einer Palette glatt streichen. Den zweiten Boden mit einem Ring (Ø 18 cm) ausstechen und den äußeren Kreis auf die Masse setzen. Für ca. 50 Minuten kühl stellen.

7 Für den Karamellkern die Sahne mit der aufgeschnittenen und ausgekratzten Vanilleschote aufkochen und ziehen lassen.

»Sie ist ein Klassiker! Für meine und sicherlich auch andere Omas gibt es keinen Ostersonntag ohne Eierlikörtorte. Hier das Tortenmodell »Höchstgenuss« vollendet mit Nougat. Super locker und luftig mit dezent salzigem Karamellkern gibt es eigentlich keine köstlichere Alternative für die Kaffeetafel – und das nicht nur an Feiertagen.«

8 In der Zwischenzeit den Zucker in einem Topf karamellisieren bis dieser eine leichte Bräune bekommt. Nun die Butter hinzugeben, mit der Sahne ablöschen und für ca. 5 Minuten vorsichtig einkochen lassen. Die Nüsse unterheben und mit einer Prise Salz verfeinern.

9 Sobald die Karamellmasse abgekühlt ist, in die Mitte der Torte geben und wieder kalt stellen.

10 Mit dem zweiten Teil der Eierlikörsahne verschließen, glatt streichen, den Deckel sanft andrücken und wieder kühl stellen.

11 Die Nougatplatte auf dem Backpapier vorsichtig in unregelmäßige Stücke brechen.

12 Für die Deko Schlagsahne mit Sahnesteif, Zimt und Puderzucker steif schlagen. Die Torte ringsherum mit Sahne eindecken. Dabei am Schluss mit der Palette rings herum fahren und die sich bildenden Spitzen stehen lassen. Restliche Sahne in einen Spritzbeutel füllen. Und die Torte auf der Hälfte, halbmondförmig mit Tupfen versehen.

13 Für den Guss Gelatine in kaltem Wasser einweichen. Den Nougat-Likör mit dem Eierlikör vorsichtig erwärmen. Den Zucker und die ausgedrückte Gelatine darin auflösen. Den abgekühlten Guss vorsichtig zwischen den Tupfen auf der Torte verteilen. Der Sahnerand verhindert, das der Guss herunter fließen kann.

14 Die Nougatplatten dekorativ zwischen die Sahnetupfen stecken und mit ganzen Haselnüssen garnieren.

Gegrillter Wildlachs
an Nougat-Pistazien-Polenta

ⓦⓦⓦ | **VORBEREITUNG:** ca. 4 h | **ZUBEREITUNG:** ca. 30 min | FÜR 4 PERSONEN

Für den Lachs

4 Lachskoteletts
Salz & Pfeffer
1 Knoblauchzehe
2 EL Rotweinessig
1 EL Zitronensaft
Abrieb von einer Zitrone
1 EL Senf
6 EL Olivenöl
2 Zedernholzbretter
4 Zweige Rosmarin
4 Zweige Thymian
2 Stangen Zitronengras

Für die Nougat-Pistazien-Polenta

30 g Pistazienkerne
400 ml Gemüsebrühe
125 g Polenta-Grieß
1 Stängel Salbei
1 Stängel Petersilie
80 g getrocknete Tomaten
5 g Ingwer
Prise Salz & Pfeffer
Abrieb von einer Zitrone
1 Stange Nougat Royal
2 EL Butter
etwas Mehl

1 Die Lachskoteletts waschen, trocken tupfen und leicht salzen. Knoblauch schälen, pressen und mit Essig, Zitronensaft, Abrieb einer Zitrone, Senf und Öl zu einer Marinade rühren. Die Lachskoteletts gleichmäßig damit bestreichen und etwa 20 Minuten ziehen lassen, dabei mehrmals in der Marinade wenden.

2 Die über Nacht in Wasser eingeweichten Zedernholzbretter je mit Rosmarin, Thymian und einer längs halbierten Stange Zitronengras bestücken und die Koteletts darauf setzen. Durch das Einweichen der Bretter brennen diese beim Grillen nicht an.

3 Die Lachskoteletts auf dem Holzkohlegrill ca. 8 Minuten bei 160 °C mit geschlossenem Deckel garen.

4 Die Pistazien grob hacken und in einer Pfanne rösten. Die Brühe in einem Topf aufkochen und den Polenta-Grieß einrieseln lassen. Unter ständigem Rühren ca. 5 Minuten kochen.

5 In der Zwischenzeit die Kräuter fein hacken, die getrockneten Tomaten sowie den Ingwer fein würfeln und mit den Pistazien in die Polenta geben. Mit Salz, Pfeffer und etwas Zitronen-abrieb fein abschmecken. Jetzt die Hälfte der Polenta in eine mit Klarsichtfolie ausgelegte Auflaufform geben.

6 Den Nougat in kleine Würfel schneiden und über der Polenta verteilen. Den zweiten Teil der Polenta hinzugeben und die Masse mit einem feuchten Teigschaber glatt streichen.

7 Die Polenta abgedeckt im Kühlschrank mindestens 3 Stunden, am besten über Nacht, fest werden lassen. Dann aus der Form stürzen und in die gewünschten Stücke schneiden.

8 Butter in einer beschichteten Pfanne erhitzen. Die Polenta-Stücke leicht mehlieren und 2 bis 3 Minuten darin rundherum braten bis diese goldbraun und knusprig werden.

»Wildlachs kann natürlich auch in der Pfanne gebraten werden. Ob gegrillt oder gebraten, der Wildlachs ist nach dem Garen meist leicht brüchig. Er muss sehr vorsichtig und am besten mit einer Palette aus der Pfanne herausgehoben werden. Wichtig: Die Temperatur darf nicht zu hoch sein, da sonst Eiweiß austritt und der Lachs zu trocken wird.«

»Meine Traumkombination: Nougat, Knödel & exotische Früchte!
Der Knödel schmeckt am besten lauwarm.
Alternativ auch mit einer selbst gemachten Tahiti-Vanille-Sauce
ist das ein Dessert, das immer gut ankommt.«

Nougat-Quarkknödel
auf Kumquat-Ragout

ⓧⓧ | **ZUBEREITUNG:** ca. 60 min | FÜR 4 PERSONEN

Für die Knödel
200 g Quark
2 Bio-Orangen
50 g Grieß
4 – 5 EL Semmelbrösel
2 Eier

Für das Ragout
500 g Kumquats
1 TL Butter
2 EL Zucker
0,2 l Orangensaft
½ Stange Zimt
1 Sternanis
Prise Salz
1 TL Maisstärke und Wasser

Für die Panade
30 g Butter
½ TL Zucker
1 – 2 EL Semmelbrösel

Für die Füllung
80 g Nougatcrème

1 Den Quark über Nacht im Kühlschrank in einem Küchentuch abtropfen lassen. Die Nougatcrème auf Klarsichtfolie geben und zu einem Strang rollen. Im Tiefkühlfach kalt stellen.

2 Die Orangen unter fließendem Wasser abbürsten, dann abreiben und auspressen. Saft und Abrieb mit der Quark-masse vermischen.

3 Alle weiteren Knödel-Zutaten miteinander vermengen und 30 Minuten kühl stellen, damit der Grieß und die Semmel-brösel quellen können.

4 In der Zwischenzeit die Kumquats halbieren und in Butter leicht anschwitzen, den Zucker dazu geben und karamelli-sieren lassen. Mit Orangensaft ablöschen. Die Gewürze hinzugeben und köcheln lassen bis sich das Karamell aufgelöst hat. Bei Bedarf die Masse mit etwas Stärke abbinden. Dazu die Stärke mit etwas Wasser in einer Tasse anrühren und zum Ragout geben.

5 Die Knödelmasse in acht gleiche Portionen teilen. Die Nougatcrème aus der Folie nehmen und in acht Stücke schneiden. Mit dem Daumen eine Vertiefung in den Knödel drücken, den Nougat hinein geben und wieder zu einem Kloß abrollen.

6 Die Knödel in kochendes Wasser geben und ziehen lassen bis sie an der Oberfläche schwimmen.

7 In der Zwischenzeit die Butter in der Pfanne schmelzen, Zucker und Semmelbrösel dazu geben und goldgelb rösten.

8 Die Knödel aus dem Wasser nehmen, etwas abtropfen lassen und in den krossen Bröseln gleichmäßig wälzen.

SOMMERHITS
Grill & Chill

»Je wärmer die Temperaturen, desto leichter lieben wir unsere
Mahlzeiten. Jedoch kann der Sommer mehr als nur frische,
knackige Salate. Geselliges Grillen mit Freunden steht zu dieser
Jahreszeit ganz hoch im Kurs: Fisch, Spare Ribs, feines Geflügel.
Und Sie glauben, Nougat passt nicht in den Sommer?
Ich zeige es Ihnen auf eine vielseitige und leckere Art und Weise,
die zudem unbeschwerten Genuss verspricht.«

Nougat Panna Cotta
mit Erdbeer-Minz-Ragout

🕐 | **ZUBEREITUNG:** ca. 20 min | **KÜHLZEIT:** ca. 2h | **FÜR 4 PERSONEN**

Für die Panna Cotta

3 Blätter Gelatine
400 ml Sahne
2 Stangen Nougat Noir
2 Stangen Nougat Royal
Prise Salz

Für das Erdbeer-Minz-Ragout

200 g Erdbeeren
etwas Zitronenabrieb
15 ml Läuterzucker
4 Minzblätter

1 Die Gelatine in kaltem Wasser einweichen.

2 Die Sahne in einem Topf aufkochen, die eingeweichte Gelatine ausdrücken und in der Sahne auflösen.

3 Jeweils eine Schüssel mit grob geschnittenem Nougat Noir und Nougat Royal vorbereiten.

4 Die Hälfte der Sahne über den Nougat Noir, die andere Hälfte über den Nougat Royal geben und beides zu einer glatten Masse verrühren. Mit einer Prise Salz verfeinern.

5 Die Nougat Royal-Masse in die Gläser füllen und für ca. 1 Stunde kühl stellen.

6 Danach die zweite, dunkle Masse dazu geben und für eine weitere Stunde kalt stellen.

7 In der Zwischenzeit die Erdbeeren waschen, trocken tupfen und in gleichmäßige Stücke schneiden.

8 Die Erdbeerstücken in eine Schüssel geben, mit Zitronenabrieb und Läuterzucker verfeinern. Mit fein geschnittener Minze veredeln.

9 Sobald die Panna Cotta fest ist, das frische Erdbeerragout darauf geben.

»Panna Cotta bedeutet auf Italienisch »gekochte Sahne«.
Sahne ist die Hauptzutat des kleinen, weißen Puddings.
In der zweifarbigen Nougat Panna Cotta kann auch eine weitere
Crème mit Marzipan ergänzt werden. Der Mandelgeschmack passt
wunderbar zwischen die beiden Nougat-Schichten.«

Konfierter Kabeljau
mit Nougatspänen

ⓘⓘ | **ZUBEREITUNG:** ca. 25 min | FÜR 4 PERSONEN

Für den Kabeljau

600 g Kabeljau Mittelstück
1 L Olivenöl
1 Stange Zitronengras
1 Zweig Rosmarin
1 Zweig Thymian
2 Zehen Knoblauch
1 Zitronenscheibe
etwas Zimtrinde
Prise Murray River Salz
1 Stange Nougat Royal

Für das Mandel-Mango-Sauerkraut

2 Schalotten
30 g Speck
300 g Sauerkraut (gegart)
2 EL Butter
1 grüne Mango
1 EL geröstete, gehackte Mandeln
Prise Salz
1 Zitrone

1 Das Kabeljau-Filet von Gräten befreien und die Filets in 4 gleichmäßige Stücke schneiden. Das Olivenöl in einem Topf erhitzen.

2 Zitronengras, Rosmarin und Thymian sowie den Knoblauch vorsichtig anschlagen. Nun alle Aromaten zum Öl hinzufügen und diese für ca. 10 Minuten bei 60 °C ziehen lassen. Zur besseren Kontrolle verwende ich ein Thermometer.

3 Die Filets vorsichtig würzen und in das aromatisierte Öl legen. Für ca. 12 Minuten bei gleicher Temperatur gar ziehen. Nach dem Garen die Filets vorsichtig herausnehmen und auf Küchenpapier abtropfen lassen.

4 Den Nougat ins Kühlfach legen um ihn vor dem Servieren in feine Späne zu hobeln und auf das Fischfilet zu streuen.

5 Für das Sauerkraut die geschälten Schalotten und den Speck in feine Streifen schneiden.

6 Butter in in einer Pfanne zergehen lassen und Schalotten, Speck und das Sauerkraut kross anbraten.

7 Die Mango schälen und mit der groben Reibe herunterreiben. Das Fruchtfleisch der Mango zum Sauerkraut hinzufügen und vorsichtig unterheben.

8 Mit etwas Salz und einem Spritzer Zitrone fein abschmecken. Die Mandeln mit untermengen.

»Um es pikanter zu machen, kann man gerne die Verbindung zwischen Salsiccia und Kabeljau ausprobieren. Die scharfe, italienische Hartwurst, ähnlich der etwas bekannteren spanischen Chorizo, verleiht dem feinen Fischfilet eine geschmacklich sehr aufregende Note.«

Wilder Sauerbraten
mit Nougat-Salbei-Gnocchi

☺☺☺ | VORBEREITUNG: 4 TAGE | ZUBEREITUNG: ca. 3h 20 min | FÜR 4 PERSONEN

Für den Sauerbraten
100 g Karotten
80 g Sellerie
80 g Petersilienwurzel
6 Schalotten
1 l Spätburgunder
300 ml Portwein rot
160 ml Essig
4 EL Sojasauce
8 Pfefferkörner
3 Nelken, 3 Lorbeerblätter
6 Wacholderbeeren
2 Pimentkörner
½ Zimtstange
1 Zweig Thymian & Rosmarin
1,8 kg Wildschweinschulter
mit Knochen
2 EL Schweineschmalz
2 EL Tomatenmark
1 EL Ahornsirup
30 g Preiselbeeren
45 g Rosinen
1 Stange Nougat Noir
Prise Salz & Pfeffer
1 Zitronengras
1 EL Speisestärke

Für die Gnocchi
500 g mehlige Kartoffeln
1 Ei
130 g Weizenmehl Typ 405
Prise Salz & Muskat
½ Bund Rucola
1 Zweig Salbei
180 g Ricotta
60 g Parmesan
1 Stange Nougat Noir

1 Karotten, Sellerie, Petersilienwurzel, Schalotten schälen und in ca. 1,5 cm große Würfel schneiden.

2 Nun einen Sud aus Rotwein, Portwein, Essig, Sojasauce, den Gewürzen und dem Gemüse herstellen. Dazu alles kurz aufkochen und wieder abkühlen.

3 Die Wildschweinschulter mit dem Fond in einem Vakuumierbeutel für ca. 3 – 4 Tage ziehen lassen.

4 Nachdem die Wildschweinschulter gut mariniert ist, aus dem Sud herausnehmen. Das Gemüse abseihen und den Fond aufkochen, so dass das Fleischeiweiß stockt. Diese Fleischeiweißstücke mit einer Schaumkelle entfernen.

5 Anschließend die Schulter in einem Bräter mit Schweineschmalz von allen Seiten goldbraun anbraten.

6 Das abgetropfte Gemüse hinzufügen und leicht Farbe annehmen lassen, dann mit Tomatenmark, Ahornsirup und Preiselbeeren verfeinern, mit dem Fond aufgießen.

7 Im vorgeheizten Ofen bei 200 °C für ca. 2 Stunden garen. Hierbei kann die Zeit variieren, da der Garprozess von der Fleischqualität abhängig ist.

8 Wenn die Schulter weich ist, diese auslösen und die Sauce in einen separaten Topf passieren.

9 In der Zwischenzeit die Rosinen in lauwarmem Wasser einweichen.

10 Den passierten Fond mit Rosinen, Nougat Noir, Salz, Pfeffer und Zitronengras etwas einkochen lassen und mit Stärke abbinden.

»Wenn man alle Gewürze in ein »Gewürzsäckchen« packt,
kann man bestimmen, wie intensiv der Geschmack der
Gewürze in die Sauce gehen soll und kann nach Wunsch
alles mit einem Handgriff sehr einfach entfernen.
Zu diesem Gericht passen auch wunderbar glasierte,
karamellisierte Maronen. Ein tolles Festmahl für kalte,
trübe Herbst- und Wintertage.«

11 Für die Gnocchi die Kartoffeln waschen, schälen
und in Salzwasser gar kochen. Das Wasser abgießen und
die Kartoffeln auf dem Herd ca. 5 Minuten ausdämpfen lassen.

12 Die Kartoffeln durch eine Presse geben, Ei und ca. 120 g
Mehl hinzugeben. Mit Salz und etwas Muskat fein abschmecken
und zu einem nicht klebenden Teig verarbeiten.

13 Für die Gnocchi-Füllung den Rucola waschen, von den Stielen
befreien und zusammen mit dem Salbei klein hacken.
Den Ricotta dazu geben.

14 Parmesan und Nougat fein reiben und unter die Ricottamasse
mit dem Rucola und dem Salbei geben. Mit Salz und Pfeffer
abschmecken.

15 Den fertigen Gnocchi-Teig auf einer mehlierten Arbeitsfläche
zu einer Rolle formen. Aus der 5 cm dicken Rolle ca. 1 cm
dicke Scheiben schneiden und in die bemehlte Hand legen.

16 Etwas Füllung in die Mitte geben, den Teig zuklappen,
zur Kugel formen und auf eine bemehlten Unterlage setzen.

17 Die gefüllten Gnocchi vorsichtig in siedendes Wasser geben.
Sobald sie an der Oberfläche schwimmen, sind sie gar und
können angerichtet werden.

»Nicht nur in den USA sind Ribs fester Bestandteil eines jeden BBQ. In jedem Fall müssen die Rippchen zunächst von der Silberhaut an der Knochenseite befreit werden. Ein besonderes Aroma bekommen sie, wenn in die BBQ-Sauce noch ein Schuss Whiskey gegeben wird. Anstatt der Melasse kann man Honig oder Ahornsirup verwenden, das ist noch authentischer!«

Nougat Spare-Ribs
mit Trüffel-Kartoffel-Stampf

👐👐 | **VORBEREITUNG:** 3 h | **ZUBEREITUNG:** ca. 2 h 30 min | FÜR 4 PERSONEN

Für die Spareribs
4 Rippenstücke
(2 – 2,5 kg)
1,6 l Apfelcidre
Saft von 2 Zitronen

Für die Gewürzmischung
40 g brauner Rohrzucker
2 EL Paprika edelsüß
2 EL Paprika pikant
2 EL schwarzer Pfeffer
4 EL Murray River Salz
2 TL Knoblauchpulver
2 TL Zwiebelpulver
1 TL Selleriesaat
1 TL Cayenne-Pfeffer

Für die Nougat-BBQ-Glasur
450 ml Ketchup
2 Stangen Nougat Noir
50 ml Apfelessig
50 ml Worcestersauce
45 g brauner Rohrzucker
2 EL Melasse
2 EL Senf
1 EL Tabasco
1 EL Gewürzmischung
Prise Raucharomen & Pfeffer

Für den Trüffel-Kartoffel-Stampf
800 g mehlige Kartoffeln
150 g Butter
1 EL Trüffelöl
2 EL Trüffelbutter
Prise Salz & Pfeffer
Prise Muskat
2 Stiele Petersilie

1 Die Rippchen parieren oder beim Metzger bereits »geputzt« bestellen. In ein tiefes Blech legen und mit dem Cidre sowie dem Zitronensaft übergießen. Für ca. 2 Stunden abgedeckt im Kühlschrank ziehen lassen, besser über Nacht.

2 Die Rippchen aus der Marinade nehmen, abtropfen lassen und mit einem Küchenpapier trocken tupfen.

3 Für die Gewürzmischung alle Zutaten in einen Mixer geben und kurz durchmixen. Einen Löffel der Mischung beiseite stellen. Mit dem Rest das Fleisch von beiden Seiten bestreuen, mit den Händen gut andrücken und anschließend für ca. 2 Stunden im Kühlschrank ruhen lassen. Die Rippchen aus der Kühlung nehmen und wieder auf Zimmertemperatur bringen.

4 Die Spare Ribs in einem Spare Ribs Halter indirekt auf den Grill stellen und für ca. 2 – 3 Stunden bei 120 °C abgedeckt garen.

5 In der Zwischenzeit die Nougat-BBQ-Glasur vorbereiten. Hierfür alle Zutaten kurz aufkochen und ca. 15 Minuten einköcheln lassen bis die Sauce leicht eindickt.

6 25 Minuten vor Ende der Garzeit die Rippchen mit der Nougat-BBQ-Glasur bestreichen. Sind die Rippchen fertig, vom Grill nehmen und nochmals marinieren, zudem etwas von der Gewürzmischung darüber streuen.

7 Für den Stampf die Kartoffeln waschen, schälen, vierteln und in einem Topf gar kochen. Das Wasser abschütten, kurz ausdämpfen lassen und die Kartoffeln mit einem Stampfer zerdrücken.

8 Die Butter in einem Topf schmelzen und leicht bräunen. Danach unter den Kartoffelstampf mischen. Trüffelöl, Trüffelbutter, etwas Salz, Pfeffer, Muskat und Petersilie unterrühren.

Schaumsüppchen
von Nougat und Tomate

🍲🍲 | **VORBEREITUNG:** ca. 2 h 30 min | **ZUBEREITUNG:** ca. 30 min | **FÜR 4 PERSONEN**

Für das Schaumsüppchen

2,5 kg Tomaten
80 g Sellerie
½ Bund Basilikum
200 ml Sahne
25 g Crème fraîche
120 g Butter
2 Stangen Nougat Royal
Prise Salz & Pfeffer

Für den Nuss-Nougat-Eierstich

25 g Rucola
3 Eier
1 Stange Nougat Royal
70 g Sahne
Prise Salz & Pfeffer
40 g Macadamianüsse

1 Die Tomaten waschen, vierteln und in einen Mixer geben.

2 Sellerie schälen, in feine Würfel schneiden und mit dem Basilikum grob mixen. Eine Prise Salz hinzufügen und zugedeckt ruhen lassen.

3 Die Tomatenmasse zusammen mit dem Sellerie in ein Passiertuch geben und für ca. 2 h aufhängen, um den klaren Fond aufzufangen.

4 Den gewonnenen, klaren Tomatenfond aufkochen, mit Sahne und Crème fraîche verfeinern.

5 Die kalte Butter und den Nougat mit dem Pürierstab unter die Suppe mixen. Mit Salz und Pfeffer würzen.

6 Für den Eierstich Rucola in kochendem Wasser kurz blanchieren, abschrecken und abtropfen lassen. So bleibt er schön grün.

7 Rucola, Eier, Nougat und Sahne im Mixer pürieren. Mit Salz und Pfeffer abschmecken.

8 Die Macadamianüsse fein hacken, leicht anrösten und unter die Masse geben.

9 In eine Kastenform füllen und für ca. 25 Minuten im Wasserbad garen. Kühl stellen. Den Eierstich in gleichmäßige Würfel schneiden und vorsichtig in die Suppe geben.

»Um noch mehr »Fülle« in das Süppchen zu bekommen, kann das Ganze einmal mit gereiften Kirschtomaten oder auch schwarzen Tomaten gekocht werden. Diese sind geschmacklich noch kräftiger und bringen eine tolle Balance in das Gericht.«

»Zu dieser Fisch-Delikatesse passt besonders gut ein Weißburgunder. Der Weißburgunder, auch Pinot Blanc genannt, ist seit dem 14. Jahrhundert bekannt und wird zu den Burgundersorten gezählt. Mit seiner sanften, eher unauffälligen Säure ist er ein relativ »neutraler« Wein, der sich hervorragend zu leichten Sommergerichten kombinieren lässt.«

Heilbutt à la Woodstock
auf Hippie-Nougat-Kartoffelsalat

🍶🍶 | **ZUBEREITUNG:** ca. 60 min | FÜR 4 PERSONEN

Für den Heilbutt

640 g Heilbutt
1 Limette
Prise Salz & Pfeffer
8 Scheiben Pancetta,
dünn aufgeschnitten
60 g Parmesan, fein gehobelt
2 Eier
2 EL Mehl
60 g Hanfsamen geschält

Für den Kartoffelsalat

200 g Kartoffeln
160 g Trüffelkartoffeln
je 1 gelbe & orange Karotte
etwas Frühlingslauch
1 Schalotte
etwas Butter
1 Rosmarinzweig
1 Thymianzweig
120 ml Geflügelfond
1 Stange Nougat Noir
1 TL Senf
etwas Öl & Essig
Prise Salz & Pfeffer
8 Kirschtomaten
1 Avocado
1 EL geröstete Pinienkerne
& Mandeln

1 Den Heilbutt in 4 gleichmäßige Stücke schneiden und jeweils an der längsten Seite eine kleine Tasche in die Filets hineinschneiden.

2 Limette waschen, die Schale abreiben, die Frucht auspressen und den Fisch mit Salz, Pfeffer, Limettenabrieb und Saft würzen.

3 Die Tasche mit dem Pancetta und dem Parmesan füllen.

4 In einer Schüssel die beiden Eier verquirlen.
Das Mehl und den Hanfsamen auf zwei weitere Schüsseln verteilen. Den Fisch mehlieren, durch das Ei ziehen. Dann mit den Hanfsamen panieren. In einer Pfanne mit Öl von beiden Seiten goldgelb anbraten und bei niedriger Temperatur fertig garen.

5 Für den Salat die Kartoffeln mit der Schale kochen.

6 In der Zwischenzeit die Karotten schälen. Diese in gleichmäßige Würfel von ca. 1x1 cm schneiden und im Salzwasser blanchieren. Den Frühlingslauch in feine Ringe schneiden.

7 Die Schalotte schälen, in feine Würfel schneiden und in einem Topf mit etwas Butter anschwitzen. Dann den Rosmarin und den Thymian hinzufügen. Anschließend mit dem Geflügelfond ablöschen und auf zwei Drittel reduzieren.

8 Die gekochten Kartoffeln schälen und in gleichmäßige Würfel schneiden. In eine Schüssel geben. Den gekühlten Nougat ebenso in Stücke schneiden.

9 Senf, Essig, Öl, Salz und Pfeffer zu den Kartoffeln geben und mit dem Fond übergießen. Das Ganze gut vermengen und für ca. 10 Minuten ziehen lassen. Die restlichen Zutaten schneiden und hinzugeben, gegebenenfalls nochmal abschmecken.

Nougat Tiramisù
der Viba-Klassiker

🍫🍫 | **ZUBEREITUNG:** ca. 40 min | **KÜHLZEIT:** 1 h | FÜR 2 PERSONEN

Für 2 Gläser

2 Stangen Nougat Classic
150 g Mascarpone
1 TL Honig
200 ml Sahne
Prise Salz
80 g Löffelbiskuit
80 ml Espresso
80 ml Amaretto
125 g frische Himbeeren
etwas Kakaopulver

1 Nougat, Mascarpone und Honig in einer Schüssel über dem Wasserbad schmelzen und zu einer homogenen Masse verrühren. Vom Herd nehmen und etwas abkühlen lassen.

2 Die Sahne steif schlagen und diese vorsichtig unter die Mascarpone-Nougatmasse heben und mit einer Prise Salz verfeinern.

3 Den Löffelbiskuit halbieren, in das Glas setzen und mit einer Mischung aus Espresso und Amaretto beträufeln.

4 Einen Teil der Crème darauf geben und ein paar frische Himbeeren aufsetzen.

5 Diesen Vorgang wiederholen, so dass feine Schichten erkennbar sind. Zum Schluss nochmals Crème aufsetzen.

6 Die Gläser für eine Stunde kalt stellen. Mit Himbeeren und Kakaopulver oder mit feinen Nougatspänen veredeln.

»Tiramisù – Der italienische Klassiker schlechthin.
Mit Nougat veredelt, und in diesem Rezept ohne Eier,
ist es unfassbar einzigartig was den Geschmack betrifft.
Der Nougat in Kombination mit Honig und der italienischen
Mascarpone macht hier einen sehr guten Job!«

Spicy Chickendrums
mit Nougat-BBQ-Glasur

⊕ | ZUBEREITUNG: ca. 60 min | FÜR 4 PERSONEN

Für die Chickendrums

1 Stange Nougat Classic
3 TL Olivenöl
1 EL Pflanzenöl
2 Knoblauchzehen
¼ TL gemahlener Kümmel
½ TL gehackter Koriander
1 TL Paprikapulver
½ TL Senfpulver
½ TL gemahlener Chili
Prise Mole (mexikanische Gewürzmischung)
Prise Raucharoma
1 TL Murray River Salz
frisch gemahlener Pfeffer
Abrieb von einer Limette
1,5 kg Hähnchenschenkel

Für die Nougat-BBQ-Glasur

450 ml Ketchup
2 Stangen Nougat Noir
50 ml Apfelessig
50 ml Worcestersauce
45 g brauner Rohrzucker
2 EL Melasse
2 EL Senf
1 EL Tabasco
1 EL Marinade
Prise Raucharoma & Pfeffer

1 Für die Marinade den Nougat auf dem Wasserbad schmelzen.

2 In einem Mixer alle weiteren Zutaten vermischen und den Nougat dazu geben.

3 Die Hähnchenschenkel abwaschen, trocken tupfen und mit der Marinade gleichmäßig einreiben. 1 EL beiseite stellen.

4 Im Grill bei 120 °C für 30 Minuten indirekt garen.

5 In der Zwischenzeit die Nougat-BBQ-Glasur vorbereiten. Hierfür alle Zutaten kurz aufkochen und für ca. 15 Minuten einköcheln lassen bis die Sauce leicht eindickt.

6 10 Minuten vor Ende der Garzeit die Chickendrums mit der Glasur mehrmals einpinseln.

»Dieses Gericht ist ideal für einen lauen Sommerabend oder einen Barbecue-Nachmittag mit Familie oder Freunden. Ich selbst trinke zu den Spicy Chicken's gerne ein eiskaltes Bier. Dazu passen perfekt eine Kräuter-Sour-Cream mit frischer Minze und Ofenpommes mit Oregano.«

Gestrudelte Muffins
Nougat-Banane

⏱ | **ZUBEREITUNG:** ca. 20 min | **BACKZEIT:** ca. 15 min | FÜR 6 MUFFINS

Für den Teig

2 reife Bananen
½ Tasse Zucker
½ Tasse brauner Zucker
1 großes Ei
¼ Tasse Pflanzenöl
1 Pck. Vanillezucker
2 Tassen Mehl
3 TL Backpulver
Prise Salz
1 Tasse gehackte Mandeln
6 EL Nougatcrème

1 Den Ofen auf 180 °C vorheizen und ein 6-Loch-Muffinblech mit Muffin-Förmchen auslegen.

2 Die beiden Bananen in einer Rührschüssel mit einer Gabel zerdrücken, weißen und braunen Zucker hinzugeben und vermengen.

3 Ei, Pflanzenöl und Vanillezucker untermischen.
Mehl, Backpulver, eine Prise Salz und eine halbe Tasse der gehackten Mandeln zur Masse zugeben und mit den restlichen Zutaten vermischen.
Die andere Hälfte der gehackten Mandeln zur späteren Verzierung zur Seite stellen.

4 Die Muffin-Förmchen mit dem Teig füllen.
Auf jeden Muffin einen Löffel Nougatcrème geben und mit einem Schaschlikspieß strudeln. Die restlichen gehackten Mandeln auf die Muffins streuen.

5 Anschließend für ca. 15 Minuten backen bzw. bis die Muffins goldbraun sind.

»Die Muffins präsentieren die heiß geliebte Banane von ihrer besten Seite. Sie gibt dem Teig die fluffig-saftige Konsistenz. Für den optischen Kick sorgt der Nougat-Strudel.«

Rainbow Cragel
mit Nougat-Frischkäse-Spread

🔖 | **VORBEREITUNG:** 5 h | **ZUBEREITUNG:** ca. 30 min | **BACKZEIT:** ca. 10 min | **FÜR 4 PERSONEN**

Für den Cragel

200 ml lauwarme Milch
36 g frische Hefe
420 g Mehl
160 g Butter
Prise Salz
3 Eigelb
2 EL Zucker
4 – 6 unterschiedliche
Lebensmittelfarben als Pulver
2 EL Honig

Für den Frischkäse-Spread

100 g Butter
2 EL Nougat-Likör
1 Riegel Nougat Krokant
40 g Puderzucker
220 g Frischkäse
1 Zitrone
Prise Salz

1 Für den Cragel die Hälfte der Milch mit der Hefe und ca. 90 g Mehl zu einem Vorteig verrühren. Für ca. 20 Minuten an einem warmen Ort gehen lassen.

2 In der Zwischenzeit Butter, Salz, Eigelb und Zucker schaumig schlagen. Nun alle Zutaten mit dem Vorteig vermischen, zu einem glatten Teig verarbeiten und für eine Stunde ruhen lassen.

3 Den Teig auf 4 – 6 Kugeln aufteilen und die unterschiedlichen Lebensmittelfarben in den Teig kneten.

4 Für ca. 30 Minuten zugedeckt gehen lassen. Anschließend alle Teigkugeln auf einer bemehlten Arbeitsfläche ca. 5 mm dick ausrollen und übereinander legen. Zugedeckt für 45 Minuten im Kühlschrank ruhen lassen.

5 Einzelne Stränge abschneiden und zu Crageln rollen. Zugedeckt auf einem Blech ca. 2 Stunden ruhen lassen.

6 Danach 2 EL Honig in 100 ml lauwarmes Wasser rühren und die Cragel für ca. 2 bis 3 Sekunden hineintauchen, dann zurück auf das Backblech setzen. Im vorgeheizten Ofen bei 180° C backen. Auskühlen lassen.

7 Für den Frischkäse-Spread die Butter mit dem Likör und dem Nougat schaumig schlagen.

8 Den Puderzucker unterrühren und den Frischkäse unterheben. Mit etwas Zitronensaft und Abrieb, sowie etwas Salz abschmecken.

»Der Cragel hat seinen Ursprung in New York
und zählt zum Zwitterfood, einem genussvollen Foodtrend
aus Amerika. Cragels sind ein Mix aus Bagel & Croissant.
Man kann jetzt somit beides in einem Bissen haben!«

»1949 wurde das einzig wahre deutsche Fastfood in Berlin erfunden. Zunächst nur an der Imbissbude erhältlich, wird sie mittlerweile auch bei hoch offiziellen Anlässen serviert. Für mich in Frankfurt ist eher die typische Rindswurst »meine Currywurst«, da sie durch Knack & Würze besticht, jedoch in Berlin mag man lieber die klassische Bratwurst, oft gebrüht und ohne Pelle. Wenn ich in meiner Heimat bin, gibt es aber nur eine wirkliche Wurst, die Thüringer Rostbratwurst!«

Senff's Currywurst
mit Nougat-Hollandaise

⊚⊚ | **ZUBEREITUNG:** 60 min | FÜR 4 PERSONEN

Für Currywurst & Sauce
1 Karotte
3 rote Paprika
2 Schalotten
½ Sellerie
etwas Öl
4 TL Paprikapulver
4 TL Jaipur Curry
200 ml Ketchup
100 ml Cola
200 ml Brühe
1 Dose geschälte Tomaten
Prise Salz & Pfeffer
Prise Zimt
3 EL Rohrzucker
4 Kalbsbratwürste

Für die Nougat-Hollandaise
260 ml Milch
1 Stange Nougat Royal
1 Vanilleschote
4 Eier
80 g Zucker
4 cl Nougat-Likör

Für das Chutney
10 Schalotten
120 g Rohrzucker
5 g Ingwer
1 Chilischote
140 ml roter Portwein
120 ml Sherry-Essig
1 EL Senfkörner
Prise Piment
Salz & Pfeffer

1 Für die Sauce Karotte, Paprika, Schalotten und Sellerie schälen und in feine Würfel schneiden. Das Gemüse in einem Topf mit etwas Öl anrösten.

2 Mit dem Curry- und Paprikapulver bestäuben. Den Ketchup hinzugeben und mit Cola und Brühe ablöschen. Danach die geschälten Tomaten hinzugeben. Für etwa 20 Minuten köcheln lassen und mit Salz, Pfeffer, Zimt und Rohrzucker abschmecken.

3 Die Kalbsbratwürste auf den Grill geben, alternativ in die Pfanne und von allen Seiten braun anbraten. In gleichmäßige Stücke schneiden.

4 Für die Hollandaise die Milch mit dem Nougat Royal und der aufgeschnittenen Vanilleschote aufkochen.

5 Die Eier trennen und das Eigelb mit dem Zucker schaumig schlagen. Anschließend die warme Milch zur Eigelbmasse geben und über dem Wasserbad schaumig aufschlagen.

6 Den Likör vorsichtig hinzugeben und die Hollandaise vom Wasserbad nehmen.

7 Für das Chutney die Schalotten schälen und vierteln. In einem Topf den Zucker schmelzen und langsam karamellisieren lassen.

8 Den Ingwer, die Schalotten und die Chilischote dazugeben, mit Portwein & Essig ablöschen. Die Senfkörner und etwas Piment hinzugeben und alles für 20 Minuten einkochen lassen. Mit Salz und Pfeffer würzen.

Flammkuchen
mit Nougatcrème und frischen Beeren

🍴 | **VORBEREITUNG:** 35 min | **ZUBEREITUNG:** 10 min | **BACKZEIT:** ca. 5 min | FÜR 4 PERSONEN

Für den Teig

600 g Mehl
1 Würfel frische Hefe
140 ml Milch
3 EL Zucker
2 EL Öl
140 ml Wasser
Prise Salz

Für die Nougatcrème

1 Stange Nougat Noir
200 g Mascarpone
1 Eigelb
180 g Joghurt
1 EL Zucker
1 Vanilleschote
Prise Salz

Für den Belag

120 g Himbeeren
100 g Stachelbeeren
80 g Erdbeeren
80 g Johannisbeeren
100 g Blaubeeren
100 g Brombeeren
etwas Minze

1 Das Mehl in eine Rührschüssel geben.
Die Hefe in lauwarmer Milch auflösen und dann mit allen anderen Zutaten zu einem geschmeidigen Teig verkneten.
Den Teig für ca. 20 Minuten ruhen lassen.

2 Den Nougat Noir auf dem Wasserbad schmelzen.

3 Aus dem Teig dünne Fladen ausrollen.

4 Mascarpone, Eigelb, Joghurt, Zucker, Mark einer Vanilleschote und die Prise Salz verrühren und den Nougat untermengen.
Die entstandene Nougatcrème auf die Teigfladen streichen.

5 Den Backofen mit einem Pizzastein auf 300 °C vorheizen.
Die Fladen beliebig mit den vorhandenen Beeren belegen und auf dem Pizzastein für 4 bis 5 Minuten backen.
Sie sollten sich mit einem Spatel aufheben lassen und nicht mehr durchhängen.

6 Den Flammkuchen aus dem Ofen nehmen und mit Minze garnieren.

»Der Flammkuchen kommt aus dem Elsass, ist aber auch in der Pfalz und im Badischen eine beliebte Spezialität – sowohl im Original als auch kreativ abgewandelt. Um die typisch knusprige Konsistenz zu bekommen, muss der Flammkuchen bei hoher Hitze gebacken werden. …mit Nougat & Beerenvielfalt belegt ein absoluter Genussexkurs!«

Cupcake
Nougat und Zucchini

| ZUBEREITUNG: ca. 40 min | BACKZEIT: ca. 20 min | FÜR 4 PERSONEN

Für den Teig

180 g Zucchini
3 Eier
Prise Salz
80 g Zucker
Prise Zimt
1 Vanilleschote
1 EL Nougat-Likör
180 g Mandeln, gemahlen

Für das Topping

2 Stangen Nougat Noir
5 EL Butter
90 g Puderzucker
160 g Frischkäse

1 Zucchini waschen, trocknen und dann fein reiben.

2 Die Eier trennen und das Eiweiß mit einer Prise Salz steif schlagen.

3 Eigelb mit Zucker, Zimt und Vanillemark schaumig aufschlagen.

4 Die geriebene Zucchini mit der Eigelbmasse, dem Nougat-Likör und den fein gemahlenen Mandeln vermischen. Das geschlagene Eiweiß vorsichtig unterheben.

5 Den Teig in die gewünschten Förmchen füllen und im vorgeheizten Ofen bei 200 °C ca. 20 Minuten backen.

6 Für das Topping den Nougat Noir in eine Schüssel geben und auf dem Wasserbad schmelzen.

7 Die weiche Butter mit dem gesiebten Puderzucker schaumig schlagen. Den Frischkäse dazu geben und weiter rühren. Den geschmolzenen, leicht abgekühlten Nougat unterheben.

8 Die Masse in einen Spritzbeutel füllen und im typischen Cup-Cake-Style auf die ausgekühlten Muffins spritzen. Nach Belieben mit geschmolzenem oder gehobeltem Nougat dekorieren.

»Cupcakes sind die adligen Verwandten der bodenständigen Muffins.
Sie sind mit Crème gekrönte, liebevoll dekorierte kleine Kunstwerke.
Die köstliche Crèmehaube beim Cupcake wird »Frosting« genannt.
Wichtig für den Glanz des Frostings ist das perfekt abgestimmte
Verhältnis zwischen Puderzucker und Butter.«

Wildkräutersalat
mit Cashews im Nougatmantel

| VORBEREITUNG: 25 min | ZUBEREITUNG: 5 min | FÜR 4 PERSONEN

Für den Salat

30 g Cashewkerne
1 Stange Nougat Classic
8 Scheiben Parmaschinken
5 Radieschen
8 Kirschtomaten
1 Karotte
2 Stangen Spargel
(weiß und grün)
Wildkräutersalat
Babyspinat
Feldsalat
Sauerampfer
200 g Feta
etwas Mehl
1 Ei
etwas Panko
200 ml Pflanzenöl

Für das Dressing

125 g Ingwer
2 Schalotten
180 ml Traubenkernöl
180 ml Zitronensaft
120 ml Gemüsebrühe
2 EL Honig
Prise Salz
Prise weißer Pfeffer

1 Die Cashewkerne im Ofen bei 160 °C für ca. 10 Minuten rösten. In der Zwischenzeit den Nougat im Wasserbad schmelzen. Die Nüsse in den flüssigen Nougat tauchen und mit einer Gabel wieder herausholen. Zum Auskühlen auf eine Silikonmatte oder auf Backpapier setzen.

2 Den Parmaschinken zwischen zwei Backpapiere legen, auf ein Blech geben und mit 2 bis 3 Esslöffeln beschweren. Bei 160 °C für ca. 10 Minuten im Ofen kross werden lassen.

3 Radieschen waschen und in dünne Scheiben schneiden, die gewaschenen Kirschtomaten halbieren. Karotte und Spargel waschen, schälen und in feine Rauten schneiden. Anschließend kurz im leicht gesalzenen Wasser bissfest garen. Den Salat waschen, trocken schleudern und gegebenenfalls die welken Blätter aussortieren.

4 Den Feta in ca. 1x2 cm große Stifte schneiden. In Ei, Mehl und Panko panieren und in heißem Öl ausbacken.

5 Für das Dressing den Ingwer und die Schalotten schälen, fein schneiden und in einem Topf mit etwas Traubenkernöl farblos anschwitzen. Mit dem Zitronensaft und der Gemüsebrühe aufkochen, 2 EL Honig hinzugeben. Den Ingwer bei mäßiger Hitze kochen, so dass dieser langsam weich wird.

6 Alles in einen Mixer geben und pürieren. Das restliche Traubenkernöl langsam hinzugeben, so dass eine sämige Flüssigkeit entsteht.

7 Das Dressing durch ein feines Sieb passieren und mit etwas Salz und Pfeffer abschmecken.

8 Außer dem Feta alle Zutaten in einer Schüssel vermischen und mit dem Dressing marinieren. Den gebackenen Feta mit dem knusprigen Parmaschicken zum Schluss direkt auf den Salat setzen.

»Anstelle des Feta harmoniert hier auch Büffelmozzarella oder Camembert sehr gut. Da das Auge mit isst, kann der Wildkräutersalat mit essbaren Blüten, wie Gänseblümchen oder Geranien veredelt werden. Das sind ziemlich wohlschmeckende »I-Tüpferl«!«

»Die Hagebutte bringt den Kreislauf in Schwung
und stärkt durch ihren hohen Vitamin C-Gehalt
die Abwehrkräfte. Die kleinen, orangeroten Früchte
haben von Ende August bis weit in den November Saison.
So kann man von Spätsommer bis Winter auch leckere
Nougat-Hagebutten-Marmelade kochen, um sich
das Frühstück zu versüßen.«

Hagebuttenkrapfen
griechischer Art

ⓌⓌ | **ZUBEREITUNG:** ca. 45 min | FÜR 4 PERSONEN

Für die Krapfen

20 g Hagebutten
2 Schalotten
1 EL Butter
150 g Polenta
100 ml Gemüsebrühe
100 ml Milch
Prise Salz & Pfeffer
Prise Muskat
1 Riegel Nougat Krokant
1 l Pflanzenöl zum Ausbacken

Für den Salat

1 Avocado
etwas Olivenöl
80 g Feta
50 g Kalamata Oliven
200 g Wassermelone
1 griechische Gurke
8 Schalotten
50 ml roter Portwein
1 EL eingelegte Kapernblätter
2 EL geröstete Haselnüsse
Prise Salz, Pfeffer & Zucker

1 Die Hagebutten waschen, halbieren, entkernen und in feine Würfel schneiden. Die Schalotten schälen und ebenfalls in gleichmäßige Würfel schneiden.

2 Die Butter in einem Topf erhitzen. Hagebuttenwürfel und die Schalotten darin anbraten. Die Polenta hinzugeben. Mit Gemüsebrühe und Milch aufgießen.

3 Mit Salz, Pfeffer und Muskat abschmecken und bei mittlerer Hitze für ca. 10 bis 12 Minuten unter ständigem Rühren kochen.

4 Vom Herd nehmen und die Polenta etwas abkühlen lassen. Aus der ausgekühlten Masse mit zwei Löffeln Nocken abstechen.

5 Den Nougat kurz einfrieren, um ihn anschließend in gleichmäßige Stücke zu schneiden. In die Mitte der Krapfen jeweils ein Stück Nougat drücken und wieder verschließen. Diese dann in 180 °C heißem Pflanzenöl goldgelb ausbacken.

6 Für den Salat die Avocado vom Stein und der Schale befreien, achteln und in etwas Olivenöl in einer Pfanne leicht anbraten.

7 Den Feta grob bröseln. Die Oliven vom Stein befreien und halbieren. Die Wassermelone in gleichmäßige Würfel von 2x2 cm schneiden. Die Gurke schälen, in Würfel schneiden und leicht salzen.

8 Die Schalotten schälen, halbieren und in etwas Olivenöl leicht anbraten. Mit Portwein ablöschen und darin weich garen.

9 Alle Zutaten gemeinsam mit den Kapernblättern und den Haselnüssen in einer großen Salatschüssel leicht durchmengen und das Ganze mit etwas Salz, Pfeffer und Zucker abrunden.

Nougat Hugo
black – red

| ZUBEREITUNG: ca. 10 min | FÜR 1 PERSON

Für 1 Glas

2 Stängel frische Minze
½ Limette
eine Hand voll Crushed Ice
1 cl Holunderblüten-Sirup
4 cl Johannisbeersaft
3 cl Nougat-Likör
6 cl Prosecco
6 cl Soda

1 Die Minze kurz zwischen den Händen anschlagen damit die Zellen aufgehen und sie ihr volles Aroma abgeben kann. Gemeinsam mit der halben Limette in ein großes Mojito-Glas oder in einen Moscow Mule Kupferbecher geben.

2 Mit einem Holzstößel leicht zerdrücken.

3 Mit einer Hand voll Crushed Ice auffüllen.

4 Den Holunderblüten-Sirup, Johannisbeersaft und den Nougat-Likör hinzufügen.

5 Zum Schluss mit Prosecco und Soda aufgießen.

»Der Nougat Hugo »black-red« ist zu jeder Jahreszeit ein Genuss. Köstliche Alternative zur Johannisbeere: süßlich, reife Mangos. Nougat Hugo »yellow« – exotisch lecker! Als Snack dazu empfehle ich gebackene Holunderblüten. Frische Holunderblüten sammeln, im Bierteig ausbacken und mit ein wenig Puderzucker bestäubt servieren. Genial!«

»Hier ist es wichtig, darauf zu achten, dass der Fettanteil im Frischkäse ausreichend ist. Magerquark hat in diesem Rezept leider keine Chance. Weil im Sommer Erdbeeren nicht fehlen dürfen, kann eine selbst gemachte Erdbeersauce aus pürierten, frischen Erdbeeren, dem Double Cheesecake noch den besonderen Kick geben.«

Cheesecake
Double Nougat

ⓣⓣⓣ | **ZUBEREITUNG:** ca. 1 h 30 min | FÜR 4 PERSONEN

Für eine Springform

250 g Butterkekse
70 g Butter
Prise Meersalz
1 Stange Nougat Noir
1 Stange Nougat Krokant
600 g Frischkäse
200 g Crème fraîche
80 g Zucker
Schale einer Zitrone
1 Vanilleschote
4 Eier

1 Die Kekse in einem Mixer fein mahlen oder in einen Gefrierbeutel geben und mit einem Nudelholz klein walzen.

2 Eine Springform einfetten, den Backofen auf 160 °C vorheizen.

3 Die Butter mit den Kekskrümeln und einer Prise Salz vermischen und in der gefetteten Form gleichmäßig fest drücken. Für ca. 25 Minuten kalt stellen.

4 Die Nougatsorten in zwei verschiedenen Schüsseln auf dem Wasserbad schmelzen.

5 Frischkäse, Crème fraîche, Zucker, Zitronenschale und Vanillemark verrühren. Die Eier danach hinzugeben und vorsichtig, ohne Luftblasen zu schlagen, unterrühren.

6 Die Hälfte dieser Masse mit dem geschmolzenen Nougat Noir, die andere Hälfte mit Nougat Krokant vermengen. Zuerst die Krokantmasse vorsichtig auf dem Keksboden verteilen. Dann die Noirmasse darauf geben und mit einer Gabel marmorieren.

7 Die Springform mit Alufolie einschlagen, um sie abzudichten.

8 Ein tiefes Blech mit Wasser füllen und die Springform in das Wasserbad stellen. Im Ofen für ca. 1 Stunde backen. Wichtig: Während der Backzeit den Ofen nicht öffnen!

9 Den Cheesecake herausnehmen und für einen Tag kalt stellen.

Pfirsich-Safran Smoothie
mit Nougat-Eis

🍧 | ZUBEREITUNG: 10 min | FÜR 2 PERSONEN

Für das Nougat-Eis

300 ml Milch
300 ml Sahne
1 Vanilleschote
5 Eigelb
25 g Zucker
2 Stangen Nougat Royal
5 cl Nougat-Likör

Für 1 Glas Smoothie

3 Pfirsiche
300 ml Dickmilch
90 ml Schlagsahne
1 TL Ahornsirup
0,03 g Safranfäden

1 Für das Nougat-Eis die Milch mit der Sahne und der aufgeschnittenen Vanilleschote aufkochen.

2 Das Eigelb mit dem Zucker in einer Schüssel schaumig schlagen. Die warme Vanille-Sahne in das Eigelb rühren und im Topf zur Rose abziehen.

3 Den Nougat anschließend in der noch warmen Masse auflösen und abkühlen lassen.

4 Den Nougat-Likör einrühren und in einer Eismaschine gefrieren lassen. Alternativ ins Gefrierfach stellen und regelmäßig umrühren.

5 Für den gelben Smoothie die frischen Pfirsiche waschen und vom Stein befreien.

6 Pfirsiche, Dickmilch, Sahne, Ahornsirup und Safran in den Mixer geben. Für ca. 2 Minuten glatt mixen.

7 Eine Kugel Nougat-Eis in das Glas geben, mit dem Smoothie auffüllen und mit Obst garnieren.

»Ein absolutes Highlight im Sommer – erfrischend, und durch den Safran auch pfiffig im Geschmack. Wenn man keine Dickmilch bekommt, ist alternativ auch Joghurt möglich. Mein persönlicher Favorit unter den Pfirsichen ist der Weinbergpfirsich. Er ist besonders aromatisch und man bekommt ihn im Spätsommer. Pure Geschmacksexplosion!«

HERBSTGLANZ

Buntes fürs Gemüt

»Der Herbst ist nostalgisch. Er duftet süß, rauchig
und ist voller Wehmut. Ich fühle mich hingezogen zu deftigen
Eintöpfen, herzhaften Fleischgerichten, scharfen Gewürz-
kompositionen und einer bunten Gemüsevielfalt.
Die Herbstküche darf farbenfroh, vielschichtig und sehr ehrlich sein,
fast wie ein kleines Erntedankfest – nur auf dem Teller!«

Pflaumenmus
mit dunklem Nougat & Tonkabohne

🏵 | **ZUBEREITUNG:** ca. 35 min | FÜR 4 PERSONEN

Für 2 große Gläser

800 g Pflaumen
400 g Himbeeren
350 g Sauerkirschen
5 EL Banyuls Wein
1 Limette
1 Vanilleschote
1 Tonkabohne
500 g Gelierzucker (3:1)
2 Stangen Nougat Noir
Prise Salz

1 Die Früchte waschen. Pflaumen und Sauerkirschen entsteinen.

2 Die Früchte mit dem Banyuls, dem Saft der Limette, der halbierten, ausgekratzten Vanilleschote und der geriebenen Tonkabohne in einen Topf geben.

3 Den Gelierzucker hinzugeben und die Masse ca. 5 Minuten sprudelnd aufkochen, dabei darauf achten, dass nichts ansetzt.

4 Den Nougat in Würfel schneiden, unter die Masse heben, mit einer Prise Salz abrunden und in die Gläser abfüllen.

5 Die Gläser gut verschrauben und umgedreht für ca. 10 Minuten stehen lassen.

»Die gegarten Pflaumen schmecken fein püriert
als Brotaufstrich oder sind ideal als Beilage zu Wildgerichten.
In einem schlichten Weckglas mit individuellem Etikett
und Schleife kann der selbstgemachte Pflaumenmus
eine liebevolle Geschenkidee sein.«

Hirschkalb-Ragout
mit Nougat und Semmelknödeln

☺☺ | ZUBEREITUNG: 2 h | FÜR 4 PERSONEN

Für das Ragout
1 kg Oberschale
vom Hirschkalb
200 g Wurzelgemüse
1 große Zwiebel
20 ml Öl
1 TL Tomatenmark
0,2 l Rotwein
0,5 l Wildjus
1 Lorbeerblatt
Prise Salz & Pfeffer
1 Stange Noir Nougat
1 EL Balsamico-Essig

Für die Semmelknödel
3 altbackene Brötchen
4 El Milch
4 Eier
etwas Petersilie
3 Schalotten
55 g Butter
Prise Salz & Muskat

Für den Rosenkohl
200 g Rosenkohl
20 g Speck
½ EL Rosinen
1 Schalotte
2 EL Butter
Prise Salz & Pfeffer
Prise Muskat
1 EL geröstete Haselnüsse

1 Das Fleisch in ca. 2x2 cm große Würfel schneiden, Wurzelgemüse und Zwiebel in ca. 1x1 cm feine Würfel schneiden.

2 Öl im Bräter erhitzen, das Fleisch hineingeben und von allen Seiten braun anbraten, Wurzelgemüse und Zwiebel hinzufügen und ebenfalls anrösten.

3 Das Tomatenmark mit in den Topf geben, mit Rotwein ablöschen und reduzieren lassen. Ein Viertel des Jus dazu geben und wieder reduzieren lassen. Das Ganze noch einmal wiederholen, mit Jus auffüllen, Gewürze dazugeben und langsam schmoren bis das Fleisch zart ist.

4 Den in kleine Stückchen geschnittenen Nougat in die heiße Sauce geben bis er geschmolzen ist. Anschließend das Ragout mit ein wenig Balsamico abschmecken.

5 Für die Semmelknödel die trockenen Brötchen in Würfel schneiden. Diese in eine Schüssel mit Milch einlegen und die Eier hinzugeben.

6 Petersilie und Schalotten in der Butter dämpfen und zu den eingeweichten Brötchenwürfeln hinzufügen. Die Brötchenmasse mit etwas Salz und Muskat abschmecken. Alles gut mischen und nur leicht kneten, da die Knödel sonst zu fest werden. Mit feuchten Händen gleichmäßige Kugeln formen und diese ca. 15 Minuten im Salzwasser abkochen.

7 Den Rosenkohl putzen und die einzelnen Blättchen heraus trennen. Diese in Salzwasser kurz blanchieren, in Eiswasser abschrecken und auf einem Tuch abtropfen lassen.

8 In einem Topf den Speck kross anbraten, Rosinen kurz mitbraten, die Rosenkohlblätter, gewürfelte Schalotte und die Butter zugeben. Mit Salz, Pfeffer, Muskat abschmecken und die gerösteten Haselnüsse hinzugeben.

»Das generell wegen seiner Zartheit beliebte Hirschkalbsfleisch
wird noch zarter, wenn es einen Tag zuvor bereits geschnitten
in Sauerrahm und Rotwein mariniert wird. Dass Schokolade Fleischgerichte
veredelt, weiß mittlerweile fast jeder, der gerne in der Küche steht.
Aber Nougat setzt noch einen oben drauf!«

Nougat-Ravioli
an Ziegenkäse und Bergpfirsich

🌰🌰🌰 | **ZUBEREITUNG:** ca. 90 min | FÜR 4 PERSONEN

Für den Pastateig

340 g Mehl
3 Eier
3 TL Kakao
3 EL Hartweizengrieß
1 Stange Nougat Noir
2 cl Nougat-Likör
60 ml Wasser

Für die Ziegenkäse-Füllung

1 Stange Nougat Noir
90 g Ziegenfrischkäse
Abrieb von einer Zitrone
1 Eigelb
1 Vanilleschote
20 g Rohrzucker

Für den Bergpfirsich

4 Bergpfirsiche
30 g Rohrzucker
120 ml Pfirsichpüree
1 Passionsfrucht
1 TL Speisestärke
1 Zweig Rosmarin
1 Zweig Thymian
1 Lorbeerblatt
Prise Salz

1 Alle Teigzutaten in eine Schüssel geben und zu einem geschmeidigen Teig verkneten. Diesen dann in Folie einschlagen und für ca. 30 Minuten kühl ruhen lassen.

2 Nun den Teig in Stücke schneiden und mit der Nudelmaschine oder klassisch mit dem Nudelholz auf mehlierter Arbeitsplatte zu Nudelplatten walzen.

3 Für die Ravioli-Füllung den Nougat auf dem Wasserbad schmelzen und mit dem Frischkäse, dem Zitronenabrieb, dem Eigelb, der Vanille und dem Rohrzucker zu einer geschmeidigen Masse verrühren.

4 Die Füllung auf den Nudelplatten gleichmäßig verteilen. Den Teig umschlagen, ausstechen und mit einer Gabel die Ränder der Teigtaschen zusammendrücken.

5 Die kleinen Ravioli im kochenden Salzwasser für ca. 4 Minuten garen.

6 Die Pfirsiche waschen, halbieren und achteln. In einer Pfanne den Rohrzucker karamellisieren und mit dem Pfirsichpüree ablöschen.

7 Die reife Passionsfrucht auskratzen und hinzugeben. Die geschnittenen Pfirsichsegmente in den warmen Fond geben und für ca. 2 Minuten mit köcheln lassen. Die Speisestärke in etwas Wasser auflösen und in den Pfirsichfond einrühren. Von der Hitze nehmen.

8 Die Kräuter hinzugeben. Mit etwas Salz verfeinern und auskühlen lassen.

Royale Erdnusssuppe
mit Thai-Hähnchenspieß

◎◎ | **VORBEREITUNG:** 35 min | **ZUBEREITUNG:** 25 min | FÜR 4 PERSONEN

Für die Spieße

10 g Ingwer
1 Stange Nougat Noir
1 EL Sojasauce
200 g Hühnerbrust
1 Stange Nougat Noir
30 g Sesam

Für die Suppe

½ TL Thai Currypaste
0,5 l Kokosmilch
0,5 l Geflügelfond
6 – 8 Limettenblätter
5 g Ingwer
60 g Zucchini
60 g Champignons
50 g Kirschtomaten
8 Zuckerschoten
60 g Karotten
1 EL Erdnusspaste
1 ½ Stangen Nougat Royal
1 Limette
Prise Salz
2 Stängel Koriander
½ Stange Nougat Noir

1 Den Ingwer schälen und in feine Streifen schneiden. Nougat Noir auf dem Wasserbad schmelzen und mit der Sojasauce vermischen.

2 Die Hähnchenbrust in 4 gleichgroße Streifen schneiden und in der zubereiteten Sauce für ca. 30 Minuten marinieren.

3 Währenddessen die Currypaste im Topf anrösten, mit Kokosmilch ablöschen und mit dem Geflügelfond aufgießen.

4 Nun die Limettenblätter und den Ingwer dazu geben, 20 Minuten ziehen lassen.

5 Die marinierten Hähnchenbruststreifen auf einen Holzspieß stecken, mit Sesam bestreuen und in heißem Öl kross braten.

6 Die Zucchini waschen, halbieren und in 1 cm breite Stücke schneiden. Champignons vierteln, Kirschtomaten halbieren, die Zuckerschoten in Rauten und die Karotten in feine Scheiben schneiden.

7 Die Suppe durch ein Haarsieb passieren. Nun die Erdnuss-Paste und eine Stange Nougat Royal hinzugeben. Mit Limettenabrieb und Salz abschmecken. Die Gemüseeinlage nur kurz mit aufkochen, so dass das Gemüse seinen Biss nicht verliert.

8 Vor dem Servieren frischen Koriander und Späne vom Nougat Noir auf die Suppe geben.

»Die asiatische Suppe gerne auch mal mit Reisbandnudeln
oder Tiefseegarnelen als Einlage servieren. Als fleischlose, vegetarische
Spießvariante schmecken hierzu auch in Olivenöl gebratene,
anschließend aufgespießte Champignons, Zucchini,
Kirschtomaten und Zwiebelspalten.«

»Dieser »Turm« ist Luxus pur! Surf & Turf fand
seine Popularität an der amerikanischen Atlantikküste.
Hier wollte man eine Verbindung zwischen
Land und Meer schaffen. Ganz klassisch verbreitete
sich dies mit Rinderfilet und Hummerschwänzen.
Hier, zudem mit geschichteten Pfannküchlein,
Kürbis und Nougat, serviert man eine
besonders kulinarische Rafinesse.«

Nougat Surf & Turf
Scampi-Perlhuhn Burger

🐚🐚🐚 | **ZUBEREITUNG:** ca. 45 min | FÜR 4 PERSONEN

Für die Patties
180 g Garnelen
360 g Perlhuhn
2 Eier
1 Zweig Rosmarin
1 Tomate
30 g Feta
50 g Panko
Prise Salz & Pfeffer
1 Zitrone
2 EL Olivenöl

Für das Kürbisragout
2 Schalotten
240 g Butternut-Kürbisfleisch
1 EL Butter
20 ml Portwein
Prise Salz & Pfeffer
1 ½ Stangen Nougat Royal
1 Stängel Petersilie
1 Schuss weißer Balsamico

Für die Pfannkuchen
1 Ei
100 g Mehl
45 ml Milch
1 EL Nougatcrème
1 TL Kakao
Prise Salz
3 – 4 EL Öl zum Ausbacken

Für die Sauce
200 g Crème fraîche
5 g Ingwer
Prise Salz & Zucker
1 Limette

1 Die Garnelen schälen und mit der Perlhuhnbrust durch den Fleischwolf drehen.
Das »gewolfte« Fleisch mit 2 Eiern, dem gehackten Rosmarin, gewürfelter Tomate, Fetawürfeln und dem Panko zu einer geschmeidigen Masse verarbeiten.

2 Mit Salz, Pfeffer und Zitronenabrieb verfeinern und in 8 gleichgroße Patties verarbeiten.

3 In einer Pfanne das Olivenöl erhitzen und die Patties darin von beiden Seiten goldgelb anbraten.

4 Für das Kürbisragout die Schalotten und den Kürbis schälen und beides in kleine Würfel schneiden.
Die Butter in einem Topf erhitzen und das Gemüse darin anbraten. Mit dem Portwein ablöschen und nur solange garen, dass der Kürbis noch ein wenig Biss hat.

5 Mit Salz, Pfeffer, den in Würfel geschnittenem Nougat und etwas Petersilie verfeinern, anschließend mit etwas Balsamico abrunden.

6 Für die Pfannkuchen alle Zutaten im Mixer zu einem glatten Teig zusammen rühren. Daraus Pfannküchlein formen und in etwas neutralem Öl ausbacken. Wichtig ist es hier, dass Patties und Pfannkuchen die gleiche Größe haben.

7 Für die Sauce wird die Crème fraîche mit dem Ingwer, Salz und Zucker glatt gerührt und mit etwas Limettenabrieb und Saft der Limette verfeinert.

8 Alle Zutaten übereinander schichten.

Overnight Oats
mit Nougat, Nüssen und Beeren

ZUBEREITUNG: 15 min | FÜR 2 PERSONEN

Für die Oats

1 Apfel
1 Zitrone
450 g griechischer Joghurt
135 g Haferflocken
15 g Chia Samen
2 EL Waldhonig
3 EL gemischte Beeren
1 Stange Nougat Noir
2 EL Granola selbstgemacht
(siehe Rezept Seite 36)

1 Den gewaschenen Apfel mit der Schale fein raspeln
und mit Zitronensaft beträufeln, so dass er nicht braun wird.

2 Den geraspelten Apfel mit Joghurt, den Haferflocken,
Chia Samen sowie dem Honig gut vermischen, in ein Gefäß füllen
und abdecken.

3 Die Mischung über Nacht kühl stellen. Die Haferflocken saugen
in dieser Zeit die Flüssigkeit auf und quellen, so dass eine Art
Brei entsteht.

4 Am nächsten Morgen die Beeren waschen, mischen, mit etwas
Abrieb von der Zitrone verfeinern und auf den entstandenen
Joghurtbrei schichten.

5 Den vorher gekühlten Nougat in gleichmäßige, kleine Würfel
schneiden, mit dem Granola vermengen und als Topping
auf die Beerenmischung geben.

»Overnight Oats, Porridge oder einfach gesagt Haferbrei ist Kult und zudem
eine sehr gesunde Angelegenheit. Ein schnell zubereitetes Clean-Eating Frühstück,
das lange satt macht. Während man schläft, macht sich der Haferbrei quasi
»über Nacht« im Kühlschrank von ganz allein. Immer wieder mit anderen Früchten,
Nüssen oder Samen garniert, schmecken die Oats abwechslungsreich, 7 Tage die Woche.
Ein besonderer Hingucker: im Weckglas servieren!«

Fasanenbrust
auf Nuss-Tagliatelle

🌰🌰🌰 | **VORBEREITUNG:** 50 min | **ZUBEREITUNG:** ca. 25 min | FÜR 4 PERSONEN

Für die Fasanenbrust

4 Fasanenbrüste
2 EL Butter
2 Tannenzweige
1 Knoblauchzehe

Für die Nuss-Tagliatelle

45 g Mandeln
700 g Hartweizengrieß
260 ml Wasser
3 EL Mandelöl
Prise Salz

Für die Kirsch-Nougat-Jus

2 EL Butter
2 Schalotten
½ Lorbeerblatt
4 Pfefferkörner
100 ml Kirschsaft
120 ml Rotwein
350 ml Wildgeflügelfond
1 Stange Nougat Classic
Prise Salz
1 EL Kirschessig
40 g Sauerkirschen

1 Die Fasanenbrust vorbereiten und in brauner Butter kurz anbraten. Tannenzweige und Knoblauchzehe hinzugeben und kurz mit anrösten.

2 Im vorgeheizten Ofen bei 160 °C auf der Hautseite ca. 8 Minuten garen bis diese im Kern noch saftig ist.

3 Für die Nuss-Tagliatelle die Mandeln im Ofen ca. 15 Minuten rösten, auskühlen lassen und mit dem Hartweizengrieß zu feinem Mehl mahlen.

4 Das feine Mandelmehl mit Wasser, Mandelöl und einer Prise Salz zu einem glatten Teig verkneten.

5 Diesen anschließend in Folie einschlagen und für ca. 20 Minuten ruhen lassen.

6 In der Nudelwalze die flachen Nudelplatten ausrollen und zu Tagliatelle verarbeiten. Für ca. 4 Minuten in Salzwasser al dente garen.

7 Für die fruchtige Nougat-Jus in einem Topf Butter und Schalotten erhitzen, die Gewürze darin anziehen.

8 Mit Kirschsaft und Rotwein ablöschen und auf die Hälfte einkochen. Den Wildfond hinzugeben und wiederum auf die Hälfte reduzieren.

9 Den Nougat hinzugeben und die Sauce damit binden. Mit Salz und ein wenig Essig abschmecken und die halbierten, entsteinten Kirschen hinzugeben.

Kastenbrioche
mit saftigem Nougatkern

⊕⊕ | **ZUBEREITUNG:** 45 min | **BACKZEIT:** 35 min | FÜR 4 PERSONEN

Für die Brioche

3 Stangen Nougat Classic
800 g Mehl
8 Eier
80 g Zucker
15 g Murray River Salz
160 ml Milch
26 g frische Hefe
540 g Butter

Für die Glasur

1 Eigelb
30 ml Milch

1 Die Nougatstangen der Länge nach halbieren und einfrieren.

2 Mehl, Eier, Zucker und Salz in eine Rührschüssel geben.

3 Anschließend die Milch auf Zimmertemperatur erwärmen und die Hefe darin auflösen. Diese Mischung mit in die Rührschüssel geben und auf mittlerer Stufe des Rührgeräts zu einem glatten Teig verkneten.

4 Die weiche Butter nach und nach hinzugeben bis der Teig geschmeidig ist und glänzt. Den Teig für 15 Minuten ruhen lassen.

5 Eine Kastenform buttern, mehlieren und die Hälfte des Teiges in die Form geben.

6 Anschließend die gefrorenen Nougatstangen in die Mitte der Teigmasse geben, dann den restlichen Teig hinzufügen, so dass der Nougat komplett umschlossen ist.

7 Die Kastenform an einem warmen Ort für ca. 30 Minuten ruhen lassen. Im Anschluss im vorgeheizten Backofen bei 175 °C goldgelb backen.

»Luftig, weich und unwiderstehlich französisch – kein Frühstück ohne Milchcafé & Brioche! Um diese goldgelb zum Glänzen zu bringen, verrührt man ein Eigelb mit 30 ml Milch und streicht die Brioche ca. 10 Minuten vor dem Backende damit ein.«

»Ein Brotbackstein ist ein Steinbackofen für Jedermann.
Er sorgt dafür, dass auch zu Hause Pizzen und Flammkuchen dünn und
knusprig gebacken werden können und zudem schmecken wie beim Italiener
um die Ecke. Eine tolle Erfindung für »home made« Flammkuchen!«

Flammkuchen rustico
mit Pancetta, Zwiebeln und Nougat

| VORBEREITUNG: 60 min | ZUBEREITUNG: 15 min | BACKZEIT: 5 min | FÜR 4 PERSONEN

Für den Teig

200 g Mehl
35 g frische Hefe
55 ml Wasser
60 ml Milch
20 g Butter
1 EL Olivenöl
Prise Salz & Zucker
Mehl zum Ausrollen

Für den Belag

1 rote Zwiebel
1 Bund Frühlingslauch
90 g Pancetta
125 g Crème fraîche
Prise Salz
1 Eigelb
1 TL Kümmel
je 2 – 4 Cherrytomaten
rot und gelb
1 EL Olivenöl
½ Stange Nougat Noir

1 Alle Zutaten für den Teig in eine Schüssel geben und zu einem glatten Teig verarbeiten.

2 Zugedeckt für ca. 45 Minuten ruhen lassen bis sich der Teig verdoppelt hat.

3 Aus dem Teig vier gleichgroße Kugeln formen und nochmals für 15 Minuten ruhen lassen. Den Backstein im Ofen auf 300 °C vorheizen.

4 In der Zwischenzeit die rote Zwiebel schälen und zusammen mit dem Frühlingslauch in feine Ringe schneiden. Den Pancetta hauchdünn aufschneiden oder schon geschnitten kaufen.

5 Die Teigkugeln auf einer bemehlten Arbeitsfläche sehr dünn ausrollen und auf eine Holzschaufel geben.

6 Die Crème fraîche mit einer Prise Salz und dem Eigelb verrühren und jeden Teigfladen damit dünn bestreichen.

7 Die Pancettascheiben und die Zwiebel darauf verteilen und etwas Kümmel darüber rieseln lassen. Cherrytomaten halbieren und ebenso damit garnieren.

8 Den Flammkuchen im Ofen für ca. 5 Minuten backen.

9 Zum Schluss mit Frühlingslauch, etwas Olivenöl und Nougatspänen verfeinern.

Nuss-Nougat Brot
mit getrockneten Mangos

🍞 | **ZUBEREITUNG:** ca. 40 min | **BACKZEIT:** 35 min | **FÜR 4 PERSONEN**

Für das Brot

16 g frische Hefe
10 g Salz
350 ml Wasser
120 g getrocknete Mango
2 Stangen Nougat Noir
1 EL Zucker
200 g Weizenmehl Typ 550
150 g Weizenvollkornmehl
150 g Roggenmehl
Prise Pfeffer
3 EL geröstete, gehackte
Haselnüsse

Für das Frischkäse-Spread

200 g Frischkäse
1 TL Kakao
1 EL Milch oder Sahne
1 Stange Nougat Noir
½ Avocado
½ Mango
1 EL geröstete, gehackte
Haselnüsse
Prise Salz & Pfeffer
Prise Chili

1 Die Hefe und das Salz in lauwarmen Wasser auflösen und anschließend mit dem Mehl zu einem glatten Teig verkneten.

2 Für 30 Minuten an einem warmen Ort gehen lassen.

3 In der Zwischenzeit die getrocknete Mango und den Nougat in feine Würfel schneiden.

4 Den Teig mit den anderen Zutaten vermischen und in eine Kastenform füllen. Für 25 Minuten gehen lassen.

5 Anschließend bei 180 °C für ca. 35 Minuten backen.

6 Für das Spread wird der Frischkäse mit Kakao und Sahne glatt gerührt.

7 Nougat, Avocado und Mango in gleichmäßige Würfel schneiden und behutsam mit den gerösteten Haselnüssen unter die Masse heben.

8 Mit etwas Salz, Pfeffer und Chili abschmecken.

»Der absolute Spread-Genuss: wenn das Brot noch leicht warm ist! Lagert man das Nougat-Mango-Brot in einem Tontopf, bleibt es länger frisch, da der Ton die Feuchtigkeit aufnimmt.«

»Für das Sous-Vide Garen bedarf es einer wichtigen
Faustregel für das perfekte Zusammenspiel von Gargut, Dicke, Garzeit
und Wassertemperatur. Je zarter das Fleisch von vornerein ist,
desto niedriger ist die zu wählende Temperatur.
Ich liebe »Sous-Vide«, da das Fleisch so wunderbar saftig
bleibt, außen mit Biss und innen zart.«

Rind auf Nougat
Sous-Vide gegart

ⓤⓤⓤ | **VORBEREITUNG:** 1 h 50 min | **ZUBEREITUNG:** ca. 30 min | **FÜR 4 PERSONEN**

Für das Rinderfilet
800 g Rinderfilet
1 Zweig Rosmarin
1 Zweig Thymian
Prise Mole
3 EL Olivenöl
Prise Salz

Für die Pastinaken
2 Schalotten
400 g Pastinaken
60 g Butter
200 ml Gemüsebrühe
200 ml Sahne
Prise Salz & Pfeffer
Prise Muskat

Für die Sauce
450 g Rinderknochen
¼ Stück Sellerie
1 Karotte
¼ Stange Lauch
2 Schalotten
1 TL Tomatenmark
1 EL Honig
400 ml roter Portwein
1 Knoblauchzehe
1 Lorbeerblatt
1 Wacholderbeere
10 weiße Pfefferkörner
500 ml Rinderfond
80 ml Noilly Prat
1 Stange Nougat Noir
40 g Butter
Prise Salz & Pfeffer
Prise Mole
Saft ½ Zitrone

1 Das Rinderfilet mit Küchenpapier trocken tupfen, von Sehnen und Fett befreien. Das Fleisch im Ganzen mit den Aromaten in einem Vakuumierbeutel komplett vakuumieren und im Wasserbad bei 58 °C für 120 Minuten garen.

2 Das Fleisch aus dem Beutel nehmen und in einer Pfanne mit dem Öl von allen Seiten anbraten. Mit etwas Salz würzen.

3 Für das Pastinaken-Püree die Schalotten und die geschälten Pastinaken in Streifen schneiden.

4 Anschließend beides in Butter leicht anschwitzen. Mit Brühe und Sahne aufgießen, einkochen lassen bis die Flüssigkeit zu zwei Drittel verkocht ist.

5 Nun die gegarten Pastinaken pürieren und mit Salz, Pfeffer sowie etwas Muskat fein abschmecken.

6 Für die Mole-Nougatjus die Rinderknochen in einer Bräterform im Ofen bei 180° C rösten.

7 In der Zwischenzeit Sellerie, Karotte, Lauch und Schalotten schälen, in gleichmäßige Stücke schneiden. Dann in einem Topf alles nacheinander goldbraun rösten. Tomatenmark und Honig dazu geben und mit der Hälfte des Portweins ablöschen.

8 Die Knochen und die Aromaten hinzugeben und mit dem Fond aufgießen. Das Ganze für ca. 120 Minuten einkochen lassen.

9 Den restlichen Portwein und den Noilly Prat auf ein Drittel der Flüssigkeit reduzieren.

10 Den gewonnen Rinderfond passieren und auf 200 ml reduzieren, dann die Reduktion, den Nougat sowie die Butter hinzugeben. Mit Salz, Pfeffer, Mole und etwas Zitronensaft abschmecken.

WINTERZAUBER
Zeit für Genusspausen

»Alle Jahre wieder: die eisige Winterzeit ist meine
persönlich liebste Jahreszeit! Es ist mir ein Fest, Freunde, Verwandte
einzuladen, alle um einen Tisch zu scharen und Köstlichkeiten
zu servieren, die jeden glücklich machen. Kleine Vorspeisen,
Hauptgerichte, unwiderstehliche Desserts – der Winter lädt
zum genussvollen Schlemmen ein.
Auch wenn der Herd brennt… hier im Winter
nehme ich mir, neben den besinnlichen, auch kreative Auszeiten,
um neue Rezepte und Geschmackskompositionen
zu entwickeln. Der Duft von Plätzchen liegt in der Luft und
Nougat von Viba darf hier für mich auch nicht fehlen.«

»Ich mach's mir einfach: es kommen Gäste zum Kaffee
und serviert wird »Kalter Hund« nach Omas Art.
Das ist Heimat, das ist Kindheit, denn diese Schokoladen-Keks-Kombi
ist bis heute unverzichtbar für mich... und mit Viba Nougat
ist es nahezu perfekt!«

Kalter Nougat-Hund
nach Omas Art

| ZUBEREITUNG: 60 min | KÜHLZEIT: 30 min | FÜR 6 PERSONEN

Für den Hund

50 ml Wasser
100 g Zucker
200 g Walnusskerne
18 Stangen Nougat Classic
ca. 20 Butterkekse
100 g Sahne
oder Kondensmilch
100 g Zartbitter Kuvertüre

1 Das Wasser in einer Pfanne zum Kochen bringen und den Zucker hinzugeben.

2 Sobald der Läuterzucker kocht, die Walnüsse dazugeben und unter leichtem Rühren den Zucker immer weiter einkochen bis die Nüsse eine goldgelbe Farbe haben.

3 Die Walnüsse auf eine Silikonmatte geben und auskühlen lassen.

4 Ca. zwei Drittel der Nougatstangen auf dem Wasserbad schmelzen.

5 Den geschmolzenen Nougat mit dem restlichen, in Würfel geschnittenen Nougat vermischen.

6 Die Nougatmasse soweit abkühlen lassen, dass sie noch geschmeidig ist. Den temperierten Nougat und die Butterkekse in der Kastenform abwechselnd schichten. Ich persönlich lege sie vorher mit Backpapier aus, dann lässt sich der Hund später einfacher stürzen.

7 Danach die Kastenform für mindestens 30 Minuten kühl stellen.

8 Wenn die Masse richtig ausgekühlt ist, den »Kalten Hund« auf ein Gitter stürzen.

9 In der Zwischenzeit die Sahne und die Kuvertüre auf einem Wasserbad erhitzen, bis diese einen schönen Glanz hat. Dann zügig über den »Kalten Hund« geben.

10 Die karamellisierten Nüsse leicht durchhacken und als Topping auf der Glasur verteilen.

Nougat-Masala Chai
indischer Gewürztee

🍵 | **ZUBEREITUNG:** ca. 30 min | FÜR 2 PERSONEN

Für 2 Gläser

2 Nelken
1 Kapsel Grüner Kardamom
1 TL ganzer schwarzer Pfeffer
3 Piment oder Nelkenpfeffer
100 g Ingwer
2 Stangen Zimt
5 g Assam Tee
Prise Salz
600 ml Milch
1 Stange Nougat Royal
Prise Zimt

1 Nelken, Kardamomkerne, Pfeffer und Piment
in einen Mörser geben und die Gewürze zerstoßen.

2 Den Ingwer schälen und in feine Streifen schneiden.
Davon ein wenig zur Dekoration beiseite legen.
Alle Gewürze in 0,5 l Wasser bis zum Siedepunkt bringen
und 20 Minuten ziehen lassen, aber nicht kochen.

3 Den Assam Tee dazu geben und nochmals 3 – 5 Minuten
ziehen lassen.

4 Alle Gewürze abseihen. Den Gewürztee mit einer Prise Salz
verfeinern und in die Gläser füllen.

5 Die Milch erhitzen, den Nougat darin komplett schmelzen
und mit einem Schneebesen oder Milchaufschäumer
aufschäumen, anschließend auf die Gläser verteilen.

6 Geraspelten Ingwer und eine Prise Zimt als Topping
auf den Milchschaum geben und servieren.

»…wie aus 1001 Nacht! Der Klassiker aus dem Orient
ist ein indisches Nationalgetränk und wird
dort zu jeder Tages- und Nachtzeit getrunken.
Eins muss er sein der Masala Chai:
süß, stark & cremig.«

»Die Jakobsmuschel, u.a. auch Pilgermuschel oder Kammmuschel genannt, ist ganzjährig erhältlich. Das zarte Muskelfleisch schmeckt nussig und leicht süßlich, sollte bestenfalls sanft gebraten werden. Ihre Schale macht sich beim Anrichten auf dem Teller übrigens sehr dekorativ.«

Jakobsmuscheln
auf Glasnudeln mit Nougat Krokant

ᗰᗰᗰ | **ZUBEREITUNG:** 30 min | FÜR 4 PERSONEN

Für die Jakobsmuscheln

12 Jakobsmuscheln,
küchenfertig, ausgelöst
1 EL Olivenöl
Prise Salz & Pfeffer
1 Zweig Rosmarin & Thymian
1 Riegel Nougat Krokant

Für die Glasnudeln

200 g Glasnudeln
½ Karotte
½ Stange Staudensellerie
etwas Sellerie
2 g Safran
30 ml Ingwerdressing
(siehe Rezept Seite 78)
Prise Salz & Pfeffer

Für die Regenbogen Bete

1 Bete gelb
1 Bete rot
1 Bete geringelt
»Tonda di Chioggia«
1 Zitrone
1 EL Rohrzucker
2 EL Olivenöl
1 Knoblauchzehe

1 Die Muscheln unter kaltem Wasser abspülen und trocken tupfen.

2 Die Glasnudeln in kaltem Wasser einweichen. Nougat in den Kühlschrank geben, um ihn später besser hobeln zu können.

3 In der Zwischenzeit die Karotte und den Sellerie in feine Würfel schneiden und in Salzwasser kurz blanchieren.

4 Die Glasnudeln in kochendem Salzwasser mit etwas Safran für 3 Minuten blanchieren, abschütten und mit kaltem Wasser abschrecken.

5 Die Nudeln mit dem Ingwerdressing aus Rezept Seite 78 marinieren und die Gemüsewürfel hinzugeben. Mit etwas Salz und Pfeffer fein abschmecken.

6 Die Bete schälen und in feine, dünne Scheiben schneiden. In Salzwasser kurz blanchieren und anschließend abschrecken.

7 Den Zitronensaft mit Zucker, Olivenöl und Knoblauch vermischen und die Bete-Scheiben damit marinieren.

8 Die Jakobsmuscheln in einer heißen Pfanne mit etwas Olivenöl von beiden Seiten sanft goldbraun anbraten. Mit etwas Salz, Pfeffer, Rosmarin und Thymian verfeinern.

9 Auf die ähnlich, wie beim einem Carpaccio gelegten Beten, die Glasnudeln geben und on top die gebratenen Jakobsmuscheln setzen. Hier von dem vorher gekühlten Nougat Krokant breite Späne abhobeln. Vor dem Servieren auf die noch heißen Jakobsmuscheln setzen.

Nougat-Kalbsbacke
mit Dreierlei von der Karotte

ⓜ ⓜ ⓜ | ZUBEREITUNG: ca. 3 h | FÜR 4 PERSONEN

Für die Kalbsbacke
4 Kalbsbacken
2 EL Butterschmalz
350 g Suppengemüse
1 EL Tomatenmark
1 EL Honig, 5 Pfefferkörner
300 ml Rotwein, 1,5 l Kalbsbrühe
250 ml Barolo, 200 ml Portwein
1 Knoblauchzehe
je 1 Zweig Thymian & Rosmarin
1 Sternanis, 2 Piment
1 Nelke, 1 Lorbeerblatt
1 ½ Stangen Nougat Noir
1 EL Balsamico-Essig

Für den Karotten-Biskuit
60 g Mandelgrieß
60 g Möhrenpulver
50 g Zucker, 25 g Mehl
300 g Eiweiß

Für das Karotten-Püree
2 Schalotten, 250 g Karotten
50 g Butter
340 ml Gemüsebrühe
100 ml Karottensaft
Prise Salz & weißer Pfeffer
Spritzer Zitrone, Prise Muskat

Für die Vanille-Karotten
300 g Karotten, 2 Schalotten
15 g Butter, 1 Vanilleschote
20 ml Mineralwasser

Für die Thüringer Klöße
1,5 kg Kartoffeln
Butter, 1 Brötchen

1 Die Kalbsbacken von Sehnen und Fett befreien, anschließend von allen Seiten in Butterschmalz scharf anbraten. Das Suppengemüse hinzugeben und goldbraun anrösten.

2 Das Tomatenmark und den Honig dazu geben, alles nach und nach mit Rotwein und Portwein ablöschen. Anschließend den Kalbsfond und die Gewürze hinzufügen.

3 Die Kalbsbacken im Schmortopf im Ofen für ca. 2 Stunden bei 175° C weich garen. Sobald diese gar sind, mit einer Fleischergabel herausnehmen, auskühlen lassen und später portionieren.

4 Die Sauce passieren und mit Nougat und etwas Balsamico Essig abschmecken. Die Backen in die abgeschmeckte Sauce legen und diese für weitere 10 Minuten darin ziehen lassen bevor sie serviert werden.

5 Zum Karotten Dreierlei: Für den Biskuit die trockenen Zutaten im Mixer für 2 Minuten pulverisieren.

6 Dann das flüssige Eiweiß hinzugeben und glatt mixen. In einen Sahne-Spender füllen und mit 2 Kapseln N_2O versetzen.

7 Die Masse in Kunststoff-Förmchen spritzen und ca. 1 Minute in der Mikrowelle backen.

8 Für das Karotten-Püree die Schalotten schälen und in kleine Scheiben schneiden. Die Schalotten gemeinsam mit den klein geschnittenen Karotten in einem Topf mit Butter anschwitzen.

9 Mit Gemüsebrühe und dem Karottensaft aufgießen und langsam einkochen lassen. Dabei sollte die Flüssigkeit fast verkocht sein.

10 Die Karotten im Mixer glatt pürieren und mit Salz, Pfeffer, Zitronensaft und Muskat abschmecken.

»Echte Thüringer Klöße und Schmorbraten: eines der traditionellsten Sonntagsessen in meiner Heimat Schmalkalden. Ein guter Thüringer Kloß, der auch liebevoll »Hütes« genannt wird, besteht zu zwei Dritteln aus rohen, geriebenen und einem Drittel gekochten Kartoffeln. Der Kloß »muss schwimmen«, d.h. hierzu reicht man gerne sehr viel Bratensauce.«

11 Für die Vanille-Karotten diese waschen, schälen und in ca. 2 cm dicke Scheiben schneiden.

12 In heißer Butter mit den feinen Schalottenwürfeln schwenken.

13 Das Mark aus der Vanilleschote heraus kratzen und zusammen mit dem Mineralwasser zu den Karotten geben. Alles ca. 5 Minuten garen bis es bissfest ist. Mit Salz und Zucker abschmecken.

14 Für die Thüringer Mini-Klößchen die Kartoffeln waschen, schälen und 500 g davon in Salzwasser kochen.

15 Den anderen Teil der Kartoffeln fein reiben und in einem Tuch auspressen.

16 Die gekochten Kartoffeln pürieren und mit den geriebenen Kartoffeln zu einem Teig verarbeiten.

17 In einer Pfanne etwas Butter zergehen lassen. Das Brötchen in Würfel schneiden und in einer Pfanne als Croûtons backen.

18 Mit feuchten Händen den Kloßteig zu gleichmäßigen kleinen Kugeln formen und in die Mitte ein bis zwei Croûtons drücken. Die Klöße im kochenden Wasser ca. 15 Minuten gar ziehen lassen bis sie oben schwimmen.

»Die Panettone ist ein typisches italienisches Weihnachtsgebäck.
Das Typische daran: hierbei werden kandierte Früchte verarbeitet.
Es gibt mittlerweile von Region zu Region völlig verschiedene Mischungen,
die streng geheim gehalten werden.Ich finde es immer sehr spannend,
mit verschiedenen Früchten zu experimentieren. Die Kombination aus
Sauerkirschen, Mango und Papaya ist auch ziemlich lecker!«

Nougat Panettone
mit Mandeln

〰〰〰 | **ZUBEREITUNG:** ca. 45 min | **BACKZEIT:** 45 min | FÜR 4 PERSONEN

Für den Teig

1 Riegel Nougat Krokant
2 Stangen Nougat Noir
45 g Butter
300 ml Milch
445 g Mehl
75 g Zucker
Prise Salz
25 g frische Hefe
1 Orange
55 g Pistazien,
ungesalzen und geschält
45 g Orangeat
30 g Zitronat
1 Eigelb
2 EL Puderzucker

1   Den Nougat in gleichmäßige Würfel schneiden und einfrieren.

2   Für den Teig Butter und Milch in einem Topf erwärmen, so dass die Butter sich darin auflöst – dann auf 34 °C abkühlen lassen.

3   Das Mehl in eine Rührschüssel geben, mit Zucker und Salz vermischen. Die Hefe in der lauwarmen Milch auflösen und zum Mehl geben. Den Abrieb der Orange hinzufügen und die Masse zu einem glatten Teig kneten.

4   Den Teig abgedeckt an einem warmen Ort gehen lassen, bis sich sein Volumen deutlich verdoppelt hat. Die Panettone Form inzwischen dünn mit Fett ausreiben.

5   Den Teig erneut durchkneten und Pistazien, Orangeat und Zitronat hinzufügen und verkneten. Den gefrorenen Nougat vorsichtig unterheben. Alles zu einer Kugel formen und in die Panettone-Form geben.

6   Mit einem Tuch den Teig abdecken und für weitere 30 Minuten gehen lassen.

7   Im vorgeheizten Ofen bei 180 °C ca. 35 Minuten backen.

8   In der Zwischenzeit das Eigelb mit etwas Wasser verrühren und die Oberfläche der Panettone damit bestreichen. Für weitere 10 Minuten goldgelb backen.

9   Nach dem Backen abkühlen lassen und stürzen. Gegebenenfalls mit Puderzucker bestäuben.

Nougat Hot Pot
mit Marshmallows

🕐 | ZUBEREITUNG: 8 min | FÜR 2 PERSONEN

Für 2 Gläser

300 ml Milch
3 EL Nougatcrème
½ Stange Nougat Noir
1 Stange Nougat Classic
100 ml Sahne
Prise Zimt
2 EL Marshmallows
15 g geröstete,
1 EL gehackte Haselnüsse

1 Die Milch aufkochen und 2 EL Nougatcrème,
Nougat Noir und Nougat Classic hinzugeben
und darin auflösen.

2 In der Zwischenzeit die Sahne mit etwas Zimt steif schlagen.

3 Die heiße Nougat-Milch in eine große Tasse oder ein
hohes Einmachglas gießen und einen Löffel geschlagene
Sahne darauf setzen.

4 Mit Marshmallows und den gerösteten, gehackten Haselnüssen garnieren. Mit einem Löffel Nougatcrème toppen!

»Wir als Food-Hipster wissen: Wer bei diesem Getränk
mit Zimt, Kardamom oder auch Tonkabohnen experimentiert,
erlebt sagenhafte Geschmacksexplosionen. Probiert es mal aus!
Wer auf eine Schoko-Frucht Variante steht, kann hier gerne
anstelle der Marshmallows heiße Kirschen oder Himbeeren
verwenden. Diese dann abwechselnd mit der Nougat-Milch
und der Sahne ins Glas geben. Die genussvolle heiß-kalt-Kombi
ist eine grandiose Alternative zu klassischen Eisbechern
und genau richtig für Couchtage im Winter!«

Nougat Cookie
mit Sesam

🍪 | **ZUBEREITUNG:** ca. 20 min | **BACKZEIT:** ca. 12 min | FÜR 4 PERSONEN

Für den Teig

300 g weiche Butter
250 g Zucker
Prise Salz
2 Eier
375 g Mehl
½ Päck. Backpulver
4 Stangen Nougat Noir
125 g Sesampaste
40 g Sesam

1 Die Butter mit dem Zucker und einer Prise Salz in einer Schüssel schaumig schlagen.

2 Danach Eier, Mehl, Salz und Backpulver unterheben.

3 Den Nougat auf dem Wasserbad schmelzen. Die Sesampaste hinzugeben und gut verrühren. Die Nougatmasse mit einem Rührlöffel gleichmäßig unter die Masse heben.

4 Mit einem Löffel ca. 16 Portionen Teig auf ein mit Backpapier ausgelegtes Backblech setzen. Wichtig: dazwischen genügend Platz lassen, da die Masse beim Backen etwas auseinander läuft.

5 Sesam über die Cookies streuen.

6 Im vorgeheizten Backofen bei 175 °C für ca. 12 – 14 Minuten goldbraun backen.

»Soul Food vom Feinsten! Das Besondere am Cookie:
er muss innen schön cremig sein. Das gelingt, wenn
man dem Teig einen Esslöffel Quark hinzu gibt.
Richtig lecker dazu: ein Glas eiskalte Milch!«

Barbarie-Ente
mit Nougat-Kirschkompott

ⓦⓦⓦ | **ZUBEREITUNG:** ca. 45 min | FÜR 4 PERSONEN

Für die Ente
4 Entenbrüste, weiblich
1 Karotte
1 Petersilienwurzel
1 Rote Beete
3 EL Olivenöl
2 Zweige Thymian
2 Knoblauchzehen
Prise Salz & Pfeffer

Für die Polenta
300 ml Milch
100 ml Sahne
250 ml Geflügelfond
3 Zweige Rosmarin
100 g Polenta
30 g Butter
Prise Salz & Muskat

Für das Kompott
300 g Sauerkirschen
55 g Rohrzucker
100 ml Sauerkirschsaft
2 EL Kirschessig
Abrieb einer Zitrone
1 Vanilleschote
Prise Salz
1 EL Kartoffelstärke
3 cl Nougat-Likör
1 Stange Nougat Noir

1 Den Ofen auf 200 °C vorheizen. Das Wurzelgemüse schälen und in gleichmäßige Stücke schneiden. Auf ein mit Backpapier ausgelegtes Blech geben und mit Olivenöl und Thymian, einer ausgedrückten Knoblauchzehe und einer Prise Salz marinieren. Im Ofen für ca. 20 Minuten garen.

2 Die Entenbrüste auf der Fettseite, rautenförmig einschneiden und dabei gut aufpassen, dass nicht ins Fleisch geschnitten wird! Auf der Fettseite in eine kalte Pfanne legen und auf mittlerer Hitze für 5 Minuten goldbraun anbraten.

3 Die Entenbrüste wenden, Knoblauchzehe und Kräuter hinzufügen. Für weitere 2 Minuten anbraten, salzen und pfeffern.

4 Die Entenbrüste mit der Fettseite nach oben zu dem Gemüse in den Ofen geben. Die Ofentemperatur auf 80 °C reduzieren und für 12 Minuten garen.

5 Für die Polenta die Milch mit Sahne, Brühe, Rosmarin und einer Prise Salz in einem Topf aufkochen. Die Polenta einrühren, kurz aufkochen und ca. 7 Minuten bei niedrigster Hitze unter gelegentlichem Rühren quellen lassen.

6 Vor dem Servieren den Rosmarin heraus nehmen, ein Stück Butter unterrühren und mit ein wenig Muskatnuss abschmecken.

7 Für den Sauerkirsch-Kompott die Kirschen waschen, halbieren und den Stein entfernen.

8 In einem Topf den Zucker vorsichtig karamellisieren, mit dem Kirschsaft und dem Essig ablöschen. Den Abrieb von der Zitrone, die aufgeschnittene Vanilleschote und eine Prise Salz hinzugeben. Die halbierten Sauerkirschen darauf geben und nur kurz mit sautieren, denn sie sollten noch etwas Biss haben. Mit etwas angerührter Stärke leicht binden und mit Nougat-Likör verfeinern. Den in feine Würfel geschnittenen Nougat Noir unterheben.

»Beim Kauf des Fleisches ist es wichtig darauf zu achten, dass man
die Brüste weiblicher Enten auswählt. Sie sind wesentlich zarter
als die der Männlichen. Damit das Fleisch auch so
zart bleibt, die Haut jedoch gut kross wird, sollte man es am
Besten im Eigenfett der Ente braten. Dann gelingt auch die aus
Restaurants gewohnte und beliebte krosse Haut
auf der Entenbrust.«

Weihnachtslikör
mit Nougat und Gewürzen

🔲 | **ZUBEREITUNG:** ca. 20 min | FÜR 2 FLASCHEN

Für den Likör

80 g Puderzucker
1 EL Kakao
3 TL Lebkuchengewürz
200 ml Wodka
150 g Viba Nougatcrème
500 ml Sahne

1 Zuerst den Puderzucker mit dem Kakao und dem Lebkuchengewürz mischen.

2 Den Wodka dazu gießen und ordentlich durchrühren.

3 Nun die Viba Nougatcrème unterrühren.

4 Die Sahne etwas aufschlagen, damit der Likör schön cremig wird.

5 Diese dann zu der Wodkamischung geben und gut verrühren.

»Zu Weihnachten hat der cremige Klassiker Hochsaison.
Sehr nett gerade an kalten Wintertagen: einen kleinen Schuss
in den heißen Kaffee oder Cappuccino – unwiderstehlich!
Mit liebevoller Schleife und selbst gemachtem
Etikett ist der Likör auch eine wertvolle Geschenkidee
…man benötigt nur eine Hand voll Zutaten und viel Liebe!«

Luftiger Nougatschmarrn
an Blaubeer-Mandarinen-Ragout

🧤🧤 | **ZUBEREITUNG:** ca. 20 min | **BACKZEIT:** ca. 12 min | FÜR 4 PERSONEN

Für den Nougatschmarrn

2 Eier
½ Vanilleschote
2 Stangen Nougat Noir
2 EL Zucker
Prise Salz
200 ml Milch
260 g Mehl
3 EL Kakao
2 EL abgetropfte Rum-Rosinen
2 EL Butter
25 g geröstete, gehobelte Mandeln
Puderzucker zum Bestäuben

Für das Blaubeer-Mandarinen-Ragout

4 Mandarinen
80 g Rohrzucker
200 ml Orangensaft
1 Vanilleschote
½ Sternanis
1 EL Stärke
1 Schälchen Blaubeeren

1 Die Eier trennen. Die Vanilleschote längs aufschneiden und das Mark mit einem Messer herauskratzen.

2 Den Nougat in gleichmäßige Würfel schneiden und einfrieren.

3 Das Eigelb, Zucker, eine Prise Salz und Vanillemark in einer Schüssel etwa 6 Minuten schaumig schlagen. Danach die Milch unterrühren. Anschließend das Mehl sieben, den Kakao vorsichtig darüber streuen und zusammen mit den Rum-Rosinen locker vermischen.

4 In der Zwischenzeit das Eiweiß in einer weiteren Schüssel steif schlagen und vorsichtig unter den Teig heben.

5 Etwas Butter in einer Pfanne erhitzen und etwa zwei Drittel des Teiges hineingießen, so dass er etwa 3 cm hoch darin steht. Bei mittlerer Hitze etwa 2 Minuten backen, bis der Teig aufgegangen und die Unterseite etwas gebräunt ist. Jetzt die gefrorenen Nougat-Würfel und die gerösteten Mandelblätter darüber streuen und den restlichen Teig darauf gießen.

6 Im vorgeheizten Ofen bei ca. 175 °C Oberhitze goldbraun fertig garen. Den gebackenen Teig in der Pfanne etwas zerreißen und mit Puderzucker bestäuben.

7 Für das Ragout die Mandarinen schälen und die einzelnen Segmente von den weißen Fäden befreien.

8 Den Rohrzucker in einem Topf vorsichtig karamellisieren und mit Orangensaft ablöschen. Die Vanillestange und den Sternanis dazugeben und etwas einkochen.

9 Den Fond leicht mit Stärke abbinden und die Mandarinen und Blaubeeren dazugeben.

»Die Grundlage jedes Kaiserschmarrn-Rezeptes
ist ein klassischer Pfannkuchenteig. Die »Fluffigkeit« und damit
das Besondere eines jeden Schmarrn wird erreicht, wenn man
dem Teig das steif geschlagene Eiweiß vorsichtig separat unterhebt.
Man kann auch einen Teil der Milch durch sprudeliges
Mineralwasser ersetzen. Hat der Teig kleine
Luftbläschen, wird's in jedem Fall ein kaiserlicher Schmarrn.«

»Die »Casarecce« ist eine ganz besondere Nudel.
Übersetzt »die Hausgemachten« stammt die Pasta aus Sizilien,
wird jedoch auch in anderen Regionen Süditaliens zubereitet.
Ihre leicht gedrehte Form macht sie besonders beliebt
als Beilage zu Saucengerichten, da man diese
bis zum letzten Tropfen mit auffangen kann.«

Schwarzfederhuhn
auf Casarecce an Feigen-Nougat-Sauce

😊😊 | **VORBEREITUNG:** ca. 1 h | **ZUBEREITUNG:** ca. 30 min | FÜR 4 PERSONEN

Für das Huhn

1 TL Fenchelsamen
Prise Chilipulver
1 TL Sansho Pfeffer
1 EL Rohrzucker
3 EL Murray River Salz
4 Brüste vom
Schwarzfederhuhn
2 EL Waldhonig

Für die Jus

200 ml Rotwein
100 ml roter Portwein
2 EL Feigenessig
1 EL Rohrzucker
1 Zweig Rosmarin & Thymian
4 Feigen
250 ml Geflügeljus
1 Stange Nougat Noir
Prise Salz & Pfeffer

Für die Casarecce

100 g Hartweizengrieß
250 g Mehl
2 Eier
2 EL Butter
1 Schalotte
1 Hand voll Baby Spinat
8 Kirschtomaten
8 Stangen Frühlingslauch
Prise Salz & Pfeffer

1 Den Fenchel mit Chili und dem Pfeffer in einer Pfanne leicht rösten. Mit Zucker und Salz zu einer Gewürzmischung mixen.

2 Die Brüste des Schwarzfederhuhns waschen, trocken tupfen und mit Honig bestreichen. Danach vorsichtig mit der vorbereiteten Gewürzmischung bestreuen, in einen hitzefesten Vakuumbeutel geben und vakuumieren. In einem Wasserbad bei 64 °C für ca. 1,5 Stunden ziehen lassen.

3 Im Anschluss die Hühnerbrüste aus dem Beutel nehmen und ihnen in einer Pfanne etwas Farbe geben.

4 Für die Jus den Rotwein, Portwein, Essig, Zucker, Rosmarin und Thymian bei mittlerer Hitze auf die Hälfte einkochen lassen. Den Fond passieren und bei Seite stellen.

5 Jetzt in dem Topf die gehackten Feigen mit dem Geflügelfond auf ein Drittel reduzieren und mit der Rotweinreduktion aufgießen. Nun nochmals den Fond passieren und mit dem Nougat veredeln. Mit einer Prise Salz und Pfeffer abschmecken.

6 Für die Casarecce Grieß, Mehl und Eier in einen Mixer geben und zu einem krümeligen Teig verarbeiten. Jetzt in eine Nudelpresse mit dem Aufsatz für die Casarecce geben und den Teig durchlassen. Die Nudeln im Salzwasser al dente kochen.

7 In der Zwischenzeit 2 EL Butter in einem Topf vorsichtig bräunen. Die in Streifen geschnittene Schalotte, Spinat, Tomaten, Frühlingslauch sowie die Nudeln zur Butter geben und durchschwenken. Mit Salz und Pfeffer würzen.

Cronut
mit Nougat-Knusper-Crème

ᗢᗢᗢ | ZUBEREITUNG: 2 h | BACKZEIT: 4 min | FÜR 4 PERSONEN

Für den Blätterteig

600 g Mehl
15 g Zucker
300 ml Wasser
12 g Salz
540 g weiche Butter
Fett zum Ausbacken
Zimt & Zucker

Für die Nougat-Knusper-Crème

140 g Sahne
140 g Milch
1 Vanilleschote
60 g Eigelb
30 g Zucker
3 Riegel Nougat Krokant
15 ml Passionsfruchtsaft
1 Päck. Zuckerglasur
rote Lebensmittelfarbe
40 g Pistazien
40 g Mandeln

1 520 g Mehl mit Zucker, Wasser, Salz und 40 g Butter verkneten, in Folie einschlagen und für 30 Minuten kühl stellen. Die restliche Butter mit dem restlichen Mehl schnell verkneten, zu einer 1 cm dicken Platte (Seitenlänge ca. 18 cm) formen und in Folie einschlagen. Für ca. 30 Minuten kalt stellen.

2 Den Teig auf einer bemehlten Arbeitsfläche ausrollen, die Butterplatte in die Mitte legen und wie einen Brief einschlagen. Die Ränder gut festdrücken und die Teigplatte zunächst mit einem Nudelholz etwas flach drücken und dann wieder ausrollen. Der Teig wird nun immer wieder ausgerollt und in Drittel zusammen geklappt.

3 Nach der ersten Tour den Teig wieder in Folie einschlagen und für 30 Minuten kühl stellen. Diesen Vorgang viermal wiederholen, um den perfekten Blätterteig zu bekommen. Den fertigen Teig in vier gleichmäßige Vierecke schneiden und übereinander legen, leicht anrollen und mit einem runden Ausstecher (Ø mind. 14 cm) Ringe ausstechen. In der Mitte wird jeweils ein kleinerer Ring (Ø 4 cm) ausgestochen. Die Teiglinge werden nun in heißem Fett (160 °C) ausgebacken. Danach in Zimt-Zucker wälzen und auf einem Gitter abkühlen lassen.

4 Für die Crème Sahne, Milch und Vanille aufkochen, Eigelb mit Zucker schaumig schlagen. Beides zusammenfügen und zur Rose abziehen. Den Nougat in Stücke schneiden und zu der Masse geben. Mit dem Passionsfruchtsaft verfeinern. Etwas abkühlen lassen und in einen Spritzbeutel mit Tülle füllen. Die Cronuts auf der Unterseite im Abstand von immer 2,5 cm rundherum mit Crème befüllen.

5 Jetzt etwas Zuckerglasur mit roter Lebensmittelfarbe einfärben und den Cronut mit der Unterseite eintauchen so das man die Einspritzlöcher nicht mehr sieht. Zum Schluss diese Seite noch in eine Mischung aus gerösteten und gehackten Pistazien und Mandeln tunken und der Cronut ist fertig.

»Der neue Trend im Backregal: der Cronut – eine Kreuzung
aus Croissant und Donut. Das Original ist rechtlich geschützt
und wird natürlich nach einem Geheimrezept zubereitet.
Selbst gemachter Blätterteig mit regelmäßig wechselnden Füllungen
ist das Markenzeichen der Dominique Ansel Bakery in New York.
Nun haben wir den Cronut auch nach Deutschland geholt
und jeder kann ihn nachbacken. Hier mit Knusper-Nougat
ein ganz eigenes, unverwechselbares Original!«

Nougat-Parfait
aus Tonkabohne und Nougat-Likör

🥜🥜 | **ZUBEREITUNG:** ca. 25 min | **KÜHLZEIT:** ca. 1 h | **FÜR 4 PERSONEN**

Für das Parfait

5 ½ Stangen Nougat Royal
0,5 l Schlagsahne
2 EL Zucker
3 Eigelb
20 ml Nougat-Likör
1 Blatt Gelatine
2 Tonkabohnen
250 g frische Himbeeren
½ Zitrone
Prise Salz

1 Den Nougat Royal in einer Schüssel über dem warmen Wasserbad schmelzen.

2 Die Sahne steif schlagen und kühl stellen.

3 Den Zucker mit dem Eigelb über dem Wasserbad schaumig aufschlagen.

4 Den Likör etwas erhitzen und die eingeweichte Gelatine darin komplett auflösen. Anschließend langsam in die aufgeschlagene Eimasse geben und verrühren.
Die geschlagene Sahne sowie die geriebene Tonkabohne unterheben.

5 Die Masse in die gewünschte Form füllen und für mindestens 1 Stunde gefrieren.

6 Einen Teil der Himbeeren mit einem Mixer fein pürieren und die restlichen Beeren damit marinieren. Mit Abrieb und Saft der Zitrone und einer Prise Salz abrunden.

»Parfait« ist französisch und bedeutet so viel wie
»vollkommen« oder »hervorragend«. Und genau das ist es auch.
Eine halbgefrorene, süße Sünde. Es lässt sich perfekt
vorbereiten, ganz ohne Eismaschine und verträgt kräftige Aromen,
wie hier den Nougat-Likör. Getrocknete Feigen- oder
Dattelstückchen verleihen dem Parfait noch eine
orientalische Note!«

Senff's ABC

abseihen
Substanz in ein Sieb geben, um Flüssigkeit von festen Stoffen zu trennen.

abziehen, zur Rose
eine Crèmemasse unter Rühren bis kurz vorm Siedepunkt erhitzen, so dass sie auf dem Kochlöffel leicht angedickt liegen bleibt und beim Draufblasen kleine Kringel – in der Form einer Rose – zeigt.

anschlagen
das Verrühren von verschiedenen Zutaten zu einer cremigen Masse.

anschwitzen
das Anrösten von Lebensmitteln in Fett, ohne dass die Speise Farbe annimmt.

anziehen
das Anschwitzen von Lebensmitteln, grundsätzlich das Dämpfen, Dünsten oder Anrösten.

Aromaten
Sammelbegriff für Würzzutaten, zum Beispiel Gewürze, Kräuter, Röstgemüse.

Banyuls
ein Süßwein, hauptsächlich in Frankreich in der Nähe der Stadt Banyuls-sur-Mer hergestellt.

Barbarie-Ente
Kreuzung zwischen wildem Erpel und Flugentenweibchen mit rotem, besonders magerem und würzigem Fleisch.

Barolo
trockener italienischer Rotwein aus der Region Piemont.

beizen
Einlegen bzw. Marinieren von Lebensmitteln.

blanchieren
kurzes Kochen in Salzwasser, zum Beispiel bei Gemüse, um es von Verunreinigungen und unangenehmen Geschmacksstoffen zu befreien, Vitamine zu erhalten oder um die Haut besser abziehen zu können.

Blätterteig
dünn ausgerollter, mehrfach geschichteter Teig. Bei einer »Tour« wird der fertig eingeschlagene Teig dreifach gefaltet.

Cayenne-Pfeffer
überwiegend aus Chili hergestelltes, sehr scharfes Gewürz.

Chia Samen
aus Mexiko stammende Samen mit neutralem Geschmack. Kommen sie mit Wasser in Verbindung, verändern sie ihre Konsistenz und werden zu einer gelartigen Masse.

Chutney
würzige, teils süß-saure, scharfe oder pikante Sauce aus der indischen Küche. Die meist stückige Sauce wird gern als Kontrast oder Ergänzung zu Gerichten gereicht.

Cidre
französischer Apfelschaumwein

dämpfen
im Wasserbad garen, ohne dass die Speise mit Flüssigkeit in Berührung kommt.

dünsten
das Garen in wenig Flüssigkeit, eigenem Saft oder Fett.

Focaccia
Fladenbrot aus Hefeteig, das vor dem Backen mit Olivenöl, Salz und Kräutern belegt wird.

Fond
Extrakt, welcher beim Garen von Fleisch, Fisch, Wild, Geflügel & Gemüse gewonnen wird. Er dient als Basis für Saucen.

Ganache
Kuvertüre-Sahne-Crème aus dunkler Schokolade und Sahne, zum Dekorieren von Kuchen, Plätzchen und Desserts.

glasieren
mit einer feinen Glasur bedecken, überziehen oder in Fett und etwas Zucker schwenken.

Honigwasser
eine Mischung aus Wasser und Honig.

Jaipur Curry
mittelscharfes, pikantes Curry.

Jus
konzentrierter brauner Bratensaft.

Kalamata Oliven
aus der Umgebung Kalamatas, doppelt so groß wie einfache Oliven, höherer Wassergehalt.

Kardamom
leicht nach Eukalyptus duftendes Gewürz, aus der Familie der Ingwergewächse.

Kerbel
Küchenkraut mit einem feinen lieblichen Geschmack.

konfieren
eine Methode des Konservierens, wird auch Einlegen oder Einkochen genannt.

Kumquat
kleine Orange aus Ostasien, welche in der Regel mit Schale und Kernen gegessen wird. Die Schale hat einen herb-süßen Geschmack, das Fruchtfleisch ist bitter bis sauer.

Läuterzucker
farblose Zuckerlösung, die zu gleichem Verhältnis aus Zucker und Wasser hergestellt wird.

Manchego
pikanter spanischer Schafskäse.

Melasse
honigartiger dunkelbrauner Zuckersirup, der bei der Zuckerherstellung aus Zuckerrohr anfällt.

Mole
Name für verschiedene Saucen der mexikanischen Küche und für Speisen, die auf dieser Sauce basieren.

Moscow Mule Becher
traditioneller Kupferbecher für den gleichnamigen Cocktail aus Wodka, Ginger Beer und Limetten.

Murray River Salz
rosafarbenes Kristallsalz von sehr feiner Konsistenz, sehr mild im Geschmack.

Noilly Prat
aromatischer sehr trockener Wermut aus Frankreich.

N_2O
farbloses Gas. Meist wird es als Treibgas für Milchprodukte, zum Beispiel zum Aufschlagen von Schlagsahne benutzt.

Nocken ausstechen
einen Esslöffel in kaltes Wasser tauchen, durch vorsichtiges Hin- und Herdrehen des Löffels eine Nocke ausstechen.

Pancetta
italienische Variante für Schweinebauchspeck.

Panko
aus der japanischen Küche stammendes Paniermehl aus Brotkrumen.

parieren
vor der Zubereitung Fleisch, Fisch oder Geflügel von allen unerwünschten oder nicht essbaren Teilen befreien.

passieren
durch ein Sieb streichen oder abgießen.

Patties
Grillfleischscheibe in einem Burger.

Piment
ein Pfeffergewürz, schärfer als Gewürznelken.

Pizzastein
Steinplatten für den Ofen, um die Pizza knusprig zu backen.

pochieren
in einer siedenden Flüssigkeit leise gar ziehen lassen, köcheln.

Polenta
aus Maisgrieß hergestellter Brei.

reduzieren
Flüssigkeiten, wie Fonds, Suppen, Saucen auf die gewünschte Konsistenz dickflüssig einkochen, die Flüssigkeit verringert sich während der Geschmack intensiver wird.

Ricotta
Frischkäse aus Schaf- und/oder Kuhmilch.

Salsiccia
italienische, pikant gewürzte Wurst.

Sansho Pfeffer
Japanischer Bergpfeffer; die Frühlingsernte bringt milderen, zitronen-duftigen Pfeffer, die Herbst-Ernte kräftige und schärfere Aromen.

sautieren
schnelles, kurzes Anbraten in Fett.

Schwarzfederhuhn
Produkt der französischen Geflügelzucht. Liefert besonders schmackhaftes, saftiges Fleisch, das bei der Zubereitung nicht trocken wird.

Schwarze Walnuss
reife, herbe und kräftig-nussige Walnuss.

Sherry-Essig
aus Sherry-Wein in Spanien hergestellter Essig mit mindestens 6% Säure, sollte sparsam dosiert werden.

Sous-Vide
Auch als Vakuumgaren bezeichnet; Methode zum Garen von Fleisch, Fisch oder Gemüse in einem Kunststoffbeutel bei relativ niedrigen Temperaturen von unter 100 °C.

Spread
Brot- oder Sandwichaufstrich.

Tahiti Vanille
teuerste Vanilleart der Welt mit einem würzigeren Geschmack als Bourbon Vanille.

Thai-Spargel
sehr kleiner, grüner Spargel; ähnelt geschmacklich dem normalen grünen Spargel.

Tonda di Chioggia
rote Bete Sorten mit deutlich voneinander abgesetzten Ringeln in weiß und rot. Geschmacklich etwas feiner als die herkömmliche rote Bete.

Tonkabohne
Gewürz aus den tropischen Regenwäldern Südamerikas mit einem Geschmack nach Vanille, Rum, Heublume und Zimt.

Trüffelkartoffel
Kartoffelsorte, die Dank eines hohen Gehaltes an dem natürlichen Farbstoff Anthocyan eine violett-blaue Färbung hat.

Wildkräuter
essbare krautige Pflanzen, die wie Wildblumen und Wildsträucher in freier Natur vorkommen.

Zabaione
italienische Weinschaumcrème aus Eigelb, Zucker und Likörwein.

Rezept-Register

Danke

Mein größter Dank gilt jenen Beteiligten, die die Realisierung dieses Buches ermöglicht haben. Allen voran meiner Partnerin, die mir immer wieder die Kraft und die Zeit gegeben hat, mich meinem Buchprojekt zu widmen und an meine Fähigkeiten zu glauben. Ebenso an meine Freunde Dennis und Ralf sowie gute Bekannte, die mir in der Rezeptentwicklung zur Seite standen und ab und an meine Kreationen verkostet haben.

Den Fotografen Robert Staffl, Christian Metzler und Simon Stobbe, die mit absoluter Liebe zum Detail das Beste aus jedem einzelnen Gericht in ein Bild verwandelt haben. Der Food-Bloggerin Martina Brandmeier, die mir mit ihrem kreativen Kopf immer wieder mit Rat und Tat zur Seite stand. Claudia Czerják und Bianca Jörges, die sich für meine Idee, ein Kochbuch rund um den Nougat zu schreiben, im Unternehmen Viba mit brennendem Herzen einsetzten, mir vollstes Vertrauen schenkten und »Mein Herz schlägt Nougat« gemeinsam mit mir kreativ umsetzten.

Meinen Geschäftspartnern Michele & Vasilli aus dem Restaurant Senckenbergs in Frankfurt, die mit dem ganzen Küchen- und Serviceteam die wunderbaren Tastings und Foto-Shootings ermöglichten.

Ein großer Dank geht an »meine Chefs« Kolja Kleeberg, Christian Bau, Bernd Siener, Manfred Schwarz, Nelson Müller und die vielen anderen tollen Persönlichkeiten, die mich zu dem Menschen gemacht haben, der ich jetzt bin.

Zu guter Letzt möchte ich meiner Familie, besonders meiner Schwester Tina einen Dank aussprechen. Mit ganzer Liebe, Leidenschaft und Herzblut widme ich Dir, liebe Oma, dieses Kochbuch, eine Verbindung aus Erinnerung, Tradition und neuen, modernen Rezeptkreationen.

Vielen Dank an alle, ich weiß das sehr zu schätzen!

Bildnachweis

Robert Staffl	Bucheinband, S. 3 unten, 4 oben, 26, 29, 30, 33, 37, 38, 41, 42, 45, 47, 48, 50 oben, 53, 54, 57, 58, 61, 62, 65, 67, 68, 71, 72, 75, 76, 79, 80, 83, 84, 87, 88 oben links, 90, 93, 94, 97, 98, 101, 102, 105, 106, 110, 114, 117, 118, 121, 122, 125, 126, 129, 130, 133, 134, 137,138
Christian Metzler	S. 7 unten links, 13 (2), 21, 25 unten rechts, 109, 113 unten links,
Simon Stobbe	S. 3 oben, 4 unten, 5, 7 oben, 25 oben, 113 oben
Bianca Jörges	S. 21, 25 unten links, 34, 50 unten rechts, 88 oben rechts
Thomas Bickel	S. 17, 23 (3)
Arne Landwehr	Rückseite Bucheinband Portrait von Christian Senff
Christian Senff	S. 6, 7 unten rechts, 14 (3), 22
Fotolia	S. 50 unten links (© ajlatan 85611982), S. 88 unten (© seventysix 79941744), S. 113 unten rechts (© Veronika Galkina 122414824)
Pierre Kamin	S. 19 oben
Peter Rees	S. 10 (3)
Jesús Verlázquez	S. 15 (2)
Angela Liebich	S. 11 oben links, 19 unten links & rechts
Viba	S. 9 (2), 11 oben rechts, 20 (2)